高校学术文库
体育研究论著丛刊

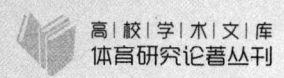

砂板乒乓球运动

曹爱斌 著

中国书籍出版社
China Book Press

图书在版编目(CIP)数据

砂板乒乓球运动 / 曹爱斌著 . — 北京：
中国书籍出版社 , 2017.1
ISBN 978-7-5068-6017-8

Ⅰ.①砂… Ⅱ.①曹… Ⅲ.①乒乓球运动 – 研究
Ⅳ.① G846

中国版本图书馆 CIP 数据核字（2017）第 009834 号

砂板乒乓球运动

曹爱斌　著

丛书策划	谭　鹏　武　斌
责任编辑	牛　超
责任印制	孙马飞　马　芝
封面设计	崔　蕾
出版发行	中国书籍出版社
地　　址	北京市丰台区三路居路 97 号（邮编：100073）
电　　话	（010）52257143（总编室）（010）52257140（发行部）
电子邮箱	chinabp@vip.sina.com
经　　销	全国新华书店
印　　刷	三河市铭浩彩色印装有限公司
开　　本	710 毫米 ×1000 毫米　1/16
印　　张	10
字　　数	200 千字
版　　次	2018 年 5 月第 1 版　2018 年 5 月第 1 次印刷
书　　号	ISBN 978-7-5068-6017-8
定　　价	42.00 元

版权所有　翻印必究

前　言

砂板乒乓球运动因其球拍底板覆盖物为砂纸而得名，是乒乓球运动的一个重要分支，在乒乓球运动的发展过程中起着举足轻重的作用，后因胶皮海绵拍的兴盛而暂退历史舞台。近年来砂板乒乓球运动在欧美国家复兴并很快传入我国，以其独特的赛制和极具娱乐性的规则受到国内外众多爱好者的追捧。

但是我们必须清楚地认识到，有很多的砂板乒乓球爱好者在经历过几次看似大汗淋漓的尝试后即失去了原有的兴趣。其原因多是由于缺乏专业的指导，技术无法进一步提高。而介绍该运动的资料十分匮乏。《砂板乒乓球运动》一书的出现弥补了这方面的不足。

这本书以砂板乒乓球的历史演化开篇，为读者揭示了砂板乒乓球运动区别于胶皮拍乒乓球的规则变化与比赛组织形式，进而深入地讲解了砂板乒乓球的击球动作和技术要点，专项所必须具备的速度与灵敏、肌肉抗阻、平衡与稳定、热身与放松的方法，并针对性地分析了该运动心理素质的重要性及各种打法和各个阶段的训练与教学步骤。本书作为砂板乒乓球大众健身爱好者以及砂板乒乓球专业人士的指导用书。

目 录

第一章 砂板乒乓球的入门知识……1
第一节 砂板乒乓球概述……1
第二节 砂板乒乓球场地器材及球拍的挑选与保护……3
第三节 砂板乒乓球基础理论知识……6
第四节 砂板乒乓球竞赛项目及主要规则……12
第五节 砂板乒乓球比赛的组织形式……17

第二章 砂板乒乓球单项技术与常用步法……21
第一节 砂板乒乓球基本技术……21
第二节 砂板乒乓球常用步法……26
第三节 各种打法常用步法……31
第四节 横板单项技术……32
第五节 砂板乒乓球直拍技术……54

第三章 砂板乒乓球运动员的体能训练……80
第一节 砂板体能训练的意义和内容……80
第二节 动态热身运动……83
第三节 速度和灵敏性训练方法……88
第四节 抗阻训练的基本概念及方法……98
第五节 平衡与稳定性训练……108
第六节 放松……115

第四章 砂板运动员的心理训练……121
第一节 心理训练的重要意义与表现形式……121
第二节 心理变化的因素……122

第三节　调节情绪的有效途径…………………………… 125
第五章　砂板乒乓球的教学方法与训练步骤…………… 128
  第一节　砂板乒乓球的教学方法…………………………… 128
  第二节　快攻型打法的训练………………………………… 134
  第三节　弧圈型打法的训练………………………………… 137
  第四节　削攻型打法的训练………………………………… 139
  第五节　砂板乒乓球基本战术……………………………… 142
参考文献……………………………………………………… 147

第一章 砂板乒乓球的入门知识

第一节 砂板乒乓球概述

一、砂板乒乓球运动的特点及锻炼价值

砂板乒乓球（Ping pang）是乒乓球运动的一种复古打法，与传统意义上国人所认识的乒乓球（Table tennis）相比，在运动器材、场地和赛制等方面存在一定的区别，具有速度和旋转弱、变化少、上手快的运动特点。加之器材设备相对比较简单，不受性别、年龄的影响，参与砂板乒乓球的运动爱好者可以根据自身实际情况进行锻炼，目前这项运动在欧美国家开展上升势头迅猛，受到广大乒乓球爱好者的青睐。

常参加砂板乒乓球活动，不仅可以促进新陈代谢、提高神经系统的反应能力，同时还能提高机体的灵敏性、协调性、改善心血管系统的机能、提高有氧代谢水平，又因为砂板乒乓球器材没有胶皮覆盖，击球时难借力，所以更有助于发展身体力量，具有很高的锻炼价值。

二、砂板乒乓球的起源与发展概况

1. 砂板乒乓球的起源和发展

砂板乒乓球运动是一种"原始"的乒乓球打法，在乒乓球运

动发展之初的历史舞台上占据重要的位置。20世纪50年代,随着海绵拍的诞生,球拍蓄能与旋转速度的变化越来越强,特别是1952年世乒赛上,使用砂板球拍的美国选手马蒂赖斯曼输给了使用海绵球拍的日本选手佐藤博治,此后砂板乒乓球拍逐渐退出了现代乒乓球的历史舞台。

图1-1 最早的砂板乒乓球拍

2. 砂板乒乓球的回归

乒乓球发展到现阶段,旋转越来越强、速度越来越快、对器材的要求越来越高,缺乏观赏性这一弊端在某种程度上已经大大地影响了项目本身的发展空间。国际乒联对规则一改再改,试图为乒乓球运动的发展寻找新的契机。

砂板乒乓球这一"复古"打法重新回到人们的视野当中。2001年,第1届砂板世锦赛在美国拉斯维加斯举行。因为各方面的原因,这届比赛的关注者寥寥无几,仅有32位选手参赛,甚至业内也鲜有人知悉。到2012年,这是当代砂板乒乓球发展里程碑式的一年,当代砂板推广者美国人杰弗里·伯加辛与英国著名赛事推广公司Match Room Sports确定合作关系,在全球推广这项运动。经过一年的筹备和选拔,2013年1月,在英国伦敦亚历山大宫举行了第2届砂板世锦赛,这届比赛吸引了来自世界20多个国家和地区的128名运动员参加,总奖金10万美金。英国著名的天空电视台体育频道对其进行了长达15小时的现场直播。2014年、2015年和2016年砂板世锦赛都在英国伦敦进行,其关注度日渐增高,选拔赛有超过10万人参加,欧美各国多达17个电视台对比赛进行转播,成功吸引了近1亿人的收看。

三、砂板乒乓球在中国的发展历程

当代砂板乒乓球在欧美刚刚起步,引入中国的时间也并不长。2015年Match Room Sports正式与我国的快乐乒乓网签订合作推广砂板乒乓球的协议,并授以快乐乒乓网"砂板世锦赛中国预选赛"的独家举办权,从此砂板乒乓球正式进入我国。2015年8—11月,快乐乒乓网举办百城万人"2016砂板世锦赛中国选拔赛",并通过中国总决赛选拔出中国砂板代表队队员。2016年1月快乐乒乓网与中国天工集团合作成立"中国天工砂板乒乓球代表队"出征英国伦敦砂板世锦赛,并在比赛中闯入16强,创造了历史最好成绩。

第二节 砂板乒乓球场地器材及球拍的挑选与保护

一、砂板乒乓球场地与器材规格要求

1. 砂板乒乓球标准比赛场地

标准的砂板比赛场地:长约1400厘米,宽约700厘米,球台台面到场馆上方的空间高度高于400厘米,照明光源距地面不得少于400厘米,灯光在台面的照度不得低于1000勒克斯,场地四周的照明亮度要明显低于球台亮度,一般应为暗色,四周不能有明亮光源或未加遮挡的日光,地面应呈暗色且无反光。观众席应在以上所述场地挡板范围以外的四周近距离排列。

2. 器材规格

球台:球台的上层表面是一个与水平面平行的长方形,长

274厘米,宽152.5厘米,球台平面离地高76厘米。比赛台面可用具有一致弹性的任何材料制成,应呈无光泽的暗色,沿台面边缘有一条宽2厘米的白线,长的叫边线,短的叫端线。台面由一个与端线平行的垂直球网划分为两个相等的台区。

球:乒乓球应用赛璐珞材料制成,呈白、黄色,且无光泽。球体为圆球体,直径40毫米,重量为2.7~2.76克。

球网:球网装置包括球网、悬网绳、网柱及将它们固定在球台的夹钳部分。球网应悬挂在一根绳子上,绳子两端系在高15.25厘米的直立网柱上,网柱外缘距边线外缘的距离为15.25厘米,球网顶端离台面15.25厘米。整个球网的底边应尽量靠近比赛台面,其两端应尽量贴近网柱。

球拍:球拍的底板均为五层木料制成,球拍厚度约7.5毫米,长度约266毫米,宽度约162毫米,重量118克左右。

二、砂板乒乓球拍的性能与球拍的挑选

1. 球拍的性能

球拍的正反两面都覆盖蓝色600目砂纸("目"是指一平方厘米多少个微粒,600目的砂纸,就是一平方厘米600个研磨微粒,数字越大越细),如图1-2所示。

图1-2 当代砂板球拍

2.球拍的选择

球拍的生产厂商不同,且球拍的覆盖物都是600目砂纸,因此砂板乒乓球拍性能相差不大,但因底板材质与厚度的差异能导致球拍在击球时发力的感觉具有一定的变化。现有的砂板当中较薄的砂板击球容易过网但退台后底劲不足,较厚的砂板近台击球发力不当时容易下网但退台击球底劲充沛。

3.保养球拍须知

(1)砂板应防止非正常的外力磕碰和挤压

用砂板击球,即使力量再大,球拍也不会损坏。但在非正常的外力作用下,却非常容易损坏球拍。因此,击球时或其他时间应尽量避免球拍磕碰球台或受到外力挤压。避免上述问题的解决办法是在击球时用合理的击球动作和步法去击球,不用球拍时将球拍放到拍套内或其他相对安全的地方。

(2)保持砂板表面的清洁

砂板的砂纸一旦有了污垢或灰尘,其摩擦和击打的性能会有所下降,因此要经常注意保持砂纸表面的清洁。当砂纸表面有了污垢或灰尘时,应选择质地适中的橡皮细心擦净。

(3)要避免受热受潮

砂板的底板结构为五层木质,在过热或过潮的环境当中容易变形,影响击球的手感和准确性。因此,平时不要把球拍长时间放在火炉旁、暖气旁、夏日的车厢内等高温处,也不要把球拍放到水池边,潮湿的地下室等湿气较重的地方。

第三节 砂板乒乓球基础理论知识

一、砂板乒乓球技术的基本原则

砂板乒乓球的基本原则,就是指各种砂板乒乓球技术当中最本质的、共同的出发点和要求。乒乓球砂板运动虽然是复古运动,但其技术变化多种多样,运动员的技术特点又各有差异,是比赛当中能够得分的核心技术,无不同时具备稳定性、准确性和威胁性。

稳定性:就是自己用同样的动作连续击球不失误或少失误。

准确性:就是击球时能打到对方球台自己设想好的位置。

威胁性:就是击球时能给对方造成威胁或迫使对方失误。

三者之间不是独立存在的。试想,如果自己击出的球无法按照自己的想法回至对方台面,又或者无法回到自己设计好的位置,球的威胁性就无从谈起。同理,如果击球过于强调稳定与准确、球没有给对手造成任何威胁,这样的稳定与准确也就完全失去了意义。

二、砂板乒乓球的基本原理

砂板乒乓球运动的速度、力量、落点和旋转充斥在每一次挥拍的过程当中,是砂板运动水平高低的重要组成元素。虽然其表现形式各有不同,甚至有时候还会顾此失彼,但却又相互联系、互补共存、缺一不可。

1. 速度

牛顿经典力学告诉我们,物体的速度与撞击物体时的动量大小成正比,与物体的质量成反比。乒乓球的飞行速度也正是由于球受砂板撞击而产生的,速度的高低直接受击球力量大小的影响。因此,在挥拍击球的瞬间,力量越大、速度越快,则球飞行的速度也越快。

从理论上讲,进一步提高击球速度,一方面是要加快挥拍速度尽可能缩短准备击球的时间,而另一方面需要尽量控制球在空中飞行的时间。但在实践操作中,由于运动员的打法特点与空间站位的区别,击球时的节奏与速度各有差异。有的运动员虽然准备击球的时间短,但球在空中飞行的时间却较长(只控制球、没有发力);有的准备时间较长,但击球后球在空中的飞行时间却非常短(主动发力打球);也有的人准备时间较长,球在空中的飞行时间也较长(如削球)。

2. 力量

根据经典力学原理,击球力量的大小取决于球的质量和击球时的加速度即:$F=ma$。因此,想要提高击球的力量即可以增加球的质量,也可以增加击球时的动力加速度。结合砂板的运动特点,挥拍时的加速度是击球力量大小的源泉。这种力量由人体自身发力通过球拍传递到球上而产生,与人的绝对力量、发力时的集中程度、是否完全传递到球等等因素密切相关。但总的来讲,运动员能够把力量在短时间内集中于球拍并完全作用到球上的能力更重要。

击球力量在砂板技术中表现为一种得分的重要手段。同时加大力量还是抑制对方速度和落点持续变化、适当抵消来球旋转的好办法,从而创造出更多自己主动进攻的机会。

3. 落点

砂板乒乓球中的落点指击球后球落到台面上的那一点。在砂板比赛中,由于受到器材影响的球导致旋转特别弱,因此击出好的落点显得更加重要,甚至成为最终获胜的制胜法宝。

从回球落点的作用来看,如果可以回长球接近端线,可以迫使对方后退接球;回短球时把球控制到球网附近就可以使对方上步接球；左大角和右大角来回调动就可以使对手疲于奔跑,从而给自己的主动进攻及最终获得比赛胜利创造更多的机会。

4. 旋转

砂板乒乓球虽然旋转不是很强,甚至连普通乒乓球转速的百分之十都不到,但随各种挥拍姿势的不同,也会发生旋转方向和旋转速度的变化。

从理论上来讲,砂板乒乓球的旋转强度仍然受挥拍轨迹和摩擦薄厚的影响,摩擦的越薄球越转、摩擦的越厚球越不转。砂板的实践中,由于器材的特殊性,摩擦球太薄容易下网、太厚容易出台,击球的过程中即使是摩擦也必须"拉打结合",在球拍"吃"住球的前提下,发力方向偏离球心,才能打出合理的旋转球。

三、砂板乒乓球击球环节和击球力量的运用

想要准确并且高质量的形成回球,需要理解和掌握以下两个方面。

1. 击球环节

（1）判断

击打来球时,需要根据来球的力量、速度、落点,采用恰当的回球技术,从而避免不必要的失误。

运动员的反应速度、运动经验、视力情况,综合决定了他的判断能力。运动中我们可以看出有经验的运动员往往可以从容的回击每一板球,这种现象一方面归结于运动员敏锐的反应速度,另一方面是运动员在长期比赛中通过总结对方的技、战术特点而对回球的力量和落点形成了精确的预判。因此,要在平时的训练中不断加强反应速度的练习,注意对手球拍接触球瞬间的运动方向与力的大小,从而判断来球的力量、速度、落点等诸多因素的变化。

（2）击球位置

由于砂板乒乓球拍构造中失去了胶皮和海绵的协同作用,合

理的击球位置就显得尤为重要。合理的击球位置不仅有利于力量的发挥和动作的还原,还是提高击球准确性的重要保障。击球位置一旦发生变化,也必然造成动作变形、还原受阻、速度力量受影响甚至造成失误。

特别是在回合多、跑动范围大的砂板比赛中,如果没有准确、快速的判断出来球的位置就很难采用正确的方法击球。由于每位运动员的技术特点不同,因此,在步法的使用上面因人而异、因打法而异,但无论使用什么样的步法,都应该遵循快速、准确、实用,从而起到提高回球质量的目的。

（3）击球时机

对方的来球落到本方球台弹起后,球从向上弹起到向下落地的过程,大体上可以分为五个时间段(如图1-3所示)。

上升前期:球从着台点弹起以后向上弹起的最初阶段

上升后期:球经过上升前期以后到高点之间的阶段。

高点期:球弹起以后,在最高点附近的这一时间段。

下降前期:从高点附近开始下降的最初阶段。

下降后期:球从下降前期结束后到接近地面的时间段。

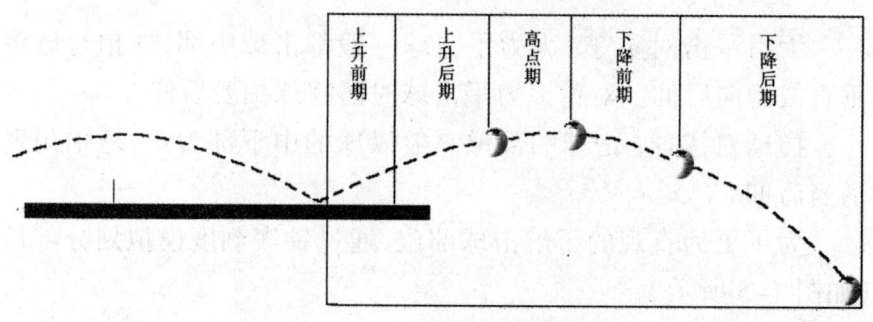

图1-3 不同的击球时机

回击来球,可以根据自己对来球的判断结合自身打法在上述任何时间段进行,但必须具体情况具体分析才能提高回球的质量。

进攻型打法:这类打法以快、准、狠为主,以提高速度力量与击球的准确性,回球时多数击球的上升期。如中近台的正反手攻球、推挡等。

削攻型打法：以控制球的落点为主，削球时间大多都在球的下降阶段。但由于砂板乒乓球拍本身制造旋转的能力特别小，因此目前这一打法尚未成熟。在大赛中削攻打法取得比赛成绩的人数较少。

（4）击球时球拍的角度与球的接触部位

击球时把握合理的球拍角度与所接触到球的部位是提高击球稳定性从而进一步增加击球威胁的关键。选择什么样的球拍角度与击球的哪个部位，主要受来球落点、速度、旋转以及本人所选择的回击球技术的影响。一般来说有以下几种情况。

上旋进攻对上旋进攻：击球的部位一般都是中部或中部偏上，球拍的角度微向前倾。正反手回击对方的上旋球目前都采用这种方法，如图1-4所示。

回击上旋球的拍形　　　大力平击球的拍形　　　回击下旋球的拍形

图1-4　球拍的击球拍形

大力平击对防守：大力平击球一般都击球中部，球拍与球台垂直或微向后仰。对付大力平击球时防守球拍要后仰。

搓球对搓球：击球的部位一般以球的中下部为主，球拍角度适当后仰。

为了更为直观的了解击球部位，通过钟表刻度模拟划分部位（如图1-5所示）。

中上部——钟表2与3之间的部位。

中部——钟表3的部位。

中下部——钟表3与4之间的部位。

球拍击球时拍形的角度同样可以根据钟表刻度划分为以下部位。

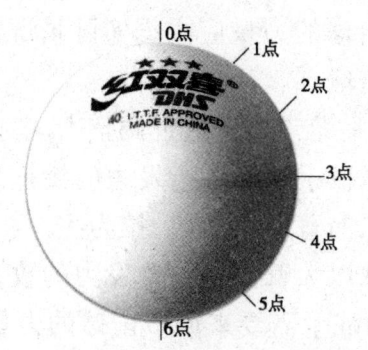

图 1-5　不同的击球部位

拍形角度稍前倾——球拍击球时拍面在 2 与 3 的切线之间。
拍形角度垂直——球拍击球时靠近 3。
拍形角度微后仰——球拍击球时拍面在 3 与 4 的切线之间。
拍形角度后仰——球拍击球时拍面在 4 与 5 的切线之间。

（5）还原

每次球拍触球后，应急时还原姿势，并根据对方的回球动作与来球的力量、速度、旋转对自己的重心做进一步调整，以利于回击对方来球。

砂板乒乓球因其球拍的特殊性，球拍甜点相对集中，如果还原不及时，只通过手法不好调理球拍的合理击球位置，从而导致回球下网出台或质量不高。因此在平时的练习中应更加注意动作还原的练习。但在持续快节奏的比赛中，如果每一次击球结束都能将重心与站位还原到最理想的姿势显然不切实际。因此有经验的运动员会通过对方来球的动作对球的速度、力量、旋转进行合理预判，有针对性地进行还原。但理论上来说，应在每一拍击球后力求做到重心与身体姿势的还原，并同时调整好身体与球台之间的位置，从而提高回球的质量。

2. 合理的击球力量

缺少了旋转的制约，力量在砂板乒乓球中的重要性更为突出。

（1）击球时作用到球上的力量方向

平击球时球拍给球的力量应尽可能穿过球心。

击打旋转球时给球的力量应根据实际情况对球加以摩擦,用力方向有选择的远离球心。

（2）根据来球第一落点离网远近调整击球时发力部位与力量

回球中近网短球以手腕与手指发力的挑打为主。

回球是近台球以前臂发力的攻、拉为主。

回球是中远台球以大臂带动前臂发力的攻、拉为主。

（3）根据不同的战术需要来调节击球的力量

合理发力：在砂板比赛中运用自己的爆发力,使来球在瞬间产生最大的力量和最快的速度,是比赛的重要得分手段。假设体能储备充分,无论来球的旋转变化都可以调整拍形发力击打。

借力：当对方来球力量较大时,选择合理的回球角度、借助对方来球的力量将球回击过网,此时球具有一定速度、完成击球的把握较高,不容易失误。

减力：运用较好的手感对大力击球进行减力挡,可以保证回球过网,同时为下一板被动转主动作铺垫。或者根据战术需要对来球进行减力控制,能够最大力度的缓解对方来球的力量,为下一板的进攻扫清障碍。

第四节　砂板乒乓球竞赛项目及主要规则

一、砂板乒乓球竞赛项目和比赛的办法

1. 竞赛项目

砂板乒乓球比赛只有 1 个项目,即单打项目（比赛不分性别和年龄,男女老少都可报名参加）。

2. 比赛办法

比赛的竞赛规则基本与最新的 ITTF 乒乓球竞赛规则一致,微小的不同之处如下：

比赛中使用的球拍由赛事主办方提供,参赛运动员不允许自带球拍参赛。

比赛当中每局结束后运动员互换球拍后进行下一局比赛。

每场比赛采用3局2胜(一般轮次的比赛)或5局3胜(半决赛和决赛)。

每一局比赛共计15分,先得到15分的一方获胜(如打到14∶14时谁先得到第15分谁获胜,胜者不需要比败者超出2分)。每人发两个球就应该交换发球权,依次类推,直到一局比赛结束。在3局2胜的比赛当中每人每场比赛中有一次2分球的机会,在5局3胜的比赛当中,每人每场比赛有两次2分球的机会。

当3局2胜的比赛打成1∶1平或者5局3胜的比赛打到2∶2平时,决胜局比赛当一方先得7分,要与对方交换场地。

3."2分球"使用细则

选手可在每局比赛自己一方未超12分之前(包括12分)每个发球轮次的第1次发球前可以示意裁判发"2分球",发"2分球"后不影响每人2次发球次序。发球前向临场裁判用手势示意2分球,此后比赛用球换成白色球(正常比赛球为黄色),此时如果发球方获胜则得2分,若发球方输球则对方得1分。

二、比赛规则和裁判法简介

1. 定义

(1)球处于比赛状态的一段时间,称一个"回合"。

(2)不予记分的回合叫"重发球"。

(3)记分的回合叫"得分"。

(4)用执拍手手中的球拍或执拍手手腕以下部位触球叫"击球"。

(5)一方击球后,处于比赛状态的球尚未触及另一方台区即被还击叫"拦击"。

（6）对方击来的球尚未触及本方台面在越出端线或边线上空之前即触及本方运动员或其他任何穿带物叫"阻挡"。

（7）在一个回合中,第一次击球的运动员叫"发球员";第二次击球的运动员叫"接球员"。

（8）如果球在球网和网柱的台外突出部分底下穿过,应被看作是"越过或绕过"。

2. 合法发球

运动员发球时,应让裁判员或副裁判员看清他是否按照合法发球的规定发球。

规则解释：

所谓让裁判员或副裁判员看清他是否按照合法发球的规定发球,是指发球员在发球过程中,包括球在不执拍手的手掌静止起至发球击球动作完成止,整个发球过程必须符合关于发球规定的十一个要素。即：

（1）球是在不执拍手的手掌上,并且手掌是伸平的。

（2）球是静止的。

（3）球的整体处在发球方的端线之后、比赛台面的水平面之上。

（4）球几乎是垂直地向上抛起。

（5）不得使球旋转。

（6）球离开手掌之后上升不少于16厘米。

（7）球下降到击球前不能碰到任何物体。

（8）球在下降时,方可击球。

（9）发出的球,必须先触及本方台区,然后越过或绕过球网装置,再触及接发球员的台区。

（10）在发球过程中,球拍应在比赛台面的水平面之上。

（11）击球时,球应在端线之后,身体（除手臂、头或腿之外）离端线最远端之前。

3. 合法还击

（1）在合法发球或合法还击以后,运动员必须击球,使球直接越过或绕过球网,然后触及对方台区。

（2）如果球在越过或绕过球网时触网或网柱,应被看作是直接越网。

4. 击球次序

首先由发球员合法发球,再由接球员合法还击,然后交替合法还击。

5. 球处于比赛状态

发球时,当球在发球员不执拍手中抛起前静止状态的最后一瞬间起即处于比赛状态,除非发生下列情况。

（1）除发球外,球未经拍击而连续两次触及台区。

（2）球触及比赛台面、球网、网柱、执拍手手腕以下部位或执拍手中的球拍以外的任何人或东西。

（3）这一回合被判定为重发球或得一分。

6. 重发球

出现下列情况应重发球。

（1）发球员发出的合法球越过或绕过球网时,触网或触网柱,或触网、网柱后被接球员或其同伴拦击或阻挡。

（2）如果球已发出,而裁判员认为接球员尚未准备好(但接球员企图击球,则不能认为未准备好)。

（3）如果裁判员认为由于发生了无法控制的情况,致使运动员未能合法发球、合法还击或不符合规则。

（4）由于纠正发、接球顺序或方位错误而中断比赛。

（5）由于怀疑发球是否正确,警告运动员而中断比赛。

（6）如果裁判员认为比赛受到意外干扰,似乎将影响这个回合的结果而中断的比赛。

7. 一分

除非一个回合被判重发球,下列情况判失一分。

（1）未能发出合法球。

（2）未能合法还击。

（3）拦击或阻挡。

（4）连续两次击球。

（5）当球处于比赛状态时，运动员或其任何穿带物使台面移动。

（6）当球处于比赛状态时，不执拍手触及台面。

（7）当球处于比赛状态时，运动员及其穿带物触及网或网柱。

8. 一局比赛

在一局比赛中，先得到15分的一方为胜方，两方交换场地和球拍进行下一局比赛。

9. 一场比赛

（1）每场比赛由单数局组成。

（2）采用5局3胜或3局2胜制。

（3）局与局之间休息不得超过一分钟。

10. 选择方位和发球权

每场比赛用抽签的方法选择方位和发球、接发球。胜方可以：
选择先发球或先接发球，负方则选择方位。
选择方位，负方则选择先发球或先接发球。
要负方先作选择。

11. 交换发球次序

（1）在每人发2次球后接发球方即成为发球方，依次类推，直到一局结束。

（2）一局首先发球的一方，在该场下一局首先接发球。

12. 交换方位及球拍

（1）一局中站某一方的运动员，在下一局应换到另一方位。

（2）在每局球结束后双方交换球拍进行下一局比赛。

（3）在决胜局中，当一方先得7分时，即应与对方交换方位及球拍。

13. 发球、接发球次序错误和方位错误

（1）运动员错误地在应交换方位时而没有交换，一经发现，应立即中断比赛，并按该场开始时确立的次序，从场上比分来确定运动员应该站的方位，再继续比赛。

（2）运动员按错误的次序发了球或接了球，一经发现，应中断比赛，并按该场开始的次序，从场上比分开始，重新由应发球或接发球的运动员发球队接发球。

（3）在任何情况下，发现错误之前的所有得分均应计算。

第五节　砂板乒乓球比赛的组织形式

砂板乒乓球是一项竞技性、娱乐性较强的体育运动。通过比赛，可以促进比赛双方技术交流，丰富人们的业余文化生活，以达到强身健体、愉悦身心、增进友谊的目的。

一、如何组织比赛

1. 组织机构

比较正规的砂板乒乓球比赛，一般都要成立相应的组织机构，以组织和协调比赛的顺利进行。

组织机构通常包括组织委员会（设正、副主任）、下设秘书处（包括负责会务、宣传、保卫、医务等方面的工作）、竞赛处（负责整个竞赛期间执行竞赛规划、竞赛规程以及临场比赛发生的纠纷等）。在基层举办的一般性比赛，可以根据实际情况，减少相应的组织机构，对工作人员的配置和其他一些组织办法，亦可灵活掌握。

2. 竞赛规程

竞赛规程是竞赛工作的根本依据，是整个比赛工作中的重要环节。竞赛规程一般由主办单位制定,内容通常包括竞赛名称、竞赛日期和地点、参赛单位和人员、参加办法、名次录取与奖励办法、裁判人员等。

二、竞赛制度

砂板乒乓球比赛常用单循环、单淘汰制、双淘汰制三种形式,在增加娱乐性的同时让运动员尽可能多的进行比赛从而达到强身健体的作用。

1. 循环赛

循环赛是任何一种乒乓球比赛最基本的比赛方法,砂板比赛也不例外,其特点是参加比赛的各名运动员,均要相遇,有利于通过比赛交流经验,提高技、战术水平。其最大优点是比赛最终的名次产生比较符合客观实际。其不足之处是比赛场数多、耗时较长,特别在参赛人数较多或比赛时间短的情况下不宜采用。

单循环的轮数计算:当参赛的人数为单数时,轮数等于人数;参赛的人数为双数时,轮数等于人数减1。

循环赛的场数计算:

场数参赛人数 ×(参赛人数 –1)/2。

循环赛的名次计算:

在任何分组或阶段内,以积分多少决定名次。如有两个或两个以上的人积分相同,则根据这些人相互间比赛的成绩决定名次,只能就这些人比赛的各种胜负比率进行考虑。

计算的步骤:

比赛按场、局、分三级胜负比率,逐级推算。

计算的公式:

胜负比率 = 胜 / 负

2. 单淘汰赛

就是将所有参加比赛的各方,编排成一定的比赛秩序由相邻的两个人进行比赛,败者淘汰,胜者进入下一轮,直到淘汰至最后一名选手,也就是本次比赛的冠军。淘汰赛的特点是能在较短的时间内,安排大量的比赛,比赛气氛逐步进入高潮,竞争性强,比较符合竞赛规律。但不同的比赛秩序,最终的名次产生不尽相同,偶然性大。

淘汰赛的场数计算:

场数 = 参赛人数 –1。

淘汰赛的轮数计算:

淘汰赛轮次 = 参赛者数对2的乘方数。2的几次方即为几轮。

3. 双败淘汰赛

就是将所有参加比赛的运动员,编排成一定的比赛秩序由相邻的两个运动员进行比赛,一名运动员失败两场被告淘汰出局,直到最后剩下一名运动员夺得冠军。即抽签后运动员两两交战,胜者继续留在胜者组,败者掉入败者组。在败者组的运动员继续进行下一场比赛,这场比赛一旦失败即被淘汰,最后由胜者组和败者组的冠军决出总冠军。

(1)阶段

每一轮胜者组中运动员两两比赛,胜者继续留在胜者组,败者进入败者组。

每一轮败者组的比赛又分为两个阶段。

第一阶段,由当前败者组中的幸存者相互对阵,负者被淘汰,胜者进入第二阶段。

第二阶段,由第一阶段中败者组的胜者对阵刚刚在本轮由胜者组中淘汰下来的选手。

(2)举例

以一个8名选手参加的双败淘汰制比赛为例。

第一轮比赛:

四场比赛后,各有4名选手依据结果编入胜者组或败者组。

第二轮比赛:

胜者组4名选手相互比赛,败者编入败者组,败者组选手在第一阶段先相互比赛,并淘汰掉2名选手。剩下的2名选手再进入第二阶段,与刚在胜者组淘汰到败者组的2名选手比赛,获胜的2名进入第三轮。

第三轮比赛:

败者组剩下的这2名选手在第一阶段先淘汰掉1名,剩下1名进入第二阶段,对阵胜者组决赛中的失败者。败者组决赛中的胜者将与胜者组决赛中的胜者争夺最后的冠军。

(3)结果

在胜者组第一名与败者组第一名最后决赛时,又有两种可能:有一些比赛规定任何一方胜利即获得最终的冠军;而有些比赛规定如果败者组第一名获胜,因为二者总成绩均为一败,还需要加赛一场决出最终的冠军,这种赛制又称作完全双败淘汰制。

第二章　砂板乒乓球单项技术与常用步法

第一节　砂板乒乓球基本技术

一项运动的基本技术是该运动战术运用的基础,能否熟练掌握基本技术,是提高运动水平的重要因素。特别是对刚刚接触砂板的人来说,如果能从锻炼起初就坚持打下良好的技术基础,就能为以后技、战术的全面发展创造有利条件。

一、握拍法

砂板乒乓球运动与普通乒乓球运动一样,是持拍击球的体育运动。握拍方法是否正确,常常会影响到技术水平的发挥。如果握拍动作不正确,就会出现击球动作别扭、击球不过网,甚至会造成运动损伤。因此,正确的握拍姿势是打好砂板的前提。

1. 标准直拍握拍法

握拍的姿势有点像人们握笔的样子,以食指第一指节和拇指第一指节在拍的前面构成一个钳形,两指间距大约1～2厘米,拍柄贴于虎口处,拍后三指自然弯曲贴于拍后(图2-1、图2-2)。

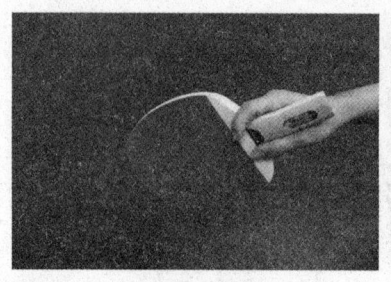

图2-1　标准直拍握拍正面　　图2-2　标准直拍握拍背面

2. 直拍横打时的握拍

横打握拍时拇指与食指间隔更开,约2～3厘米,拍柄贴于虎口处,拍后三指弯曲用力顶住球拍背面,如图2-3和图2-4所示。

图2-3　直拍横打正手握拍　　图2-4　直拍横打反手握拍

3. 横拍握拍法

横拍握拍法又被形象地称为握手式握拍法,握拍时拇指略弯曲紧捏拍面放于拍前(如图2-5所示),中指、无名指、小指握住拍柄、虎口紧贴拍颈(如图2-6所示),食指斜伸在拍的另一面。

图2-5　横拍基本握拍正面　　图2-6　横拍基本握拍背面

4. 握拍时的注意事项

无论直握还是横握,在准备击球或击球结束后,握拍都需要松紧适度。过紧会使手腕僵硬影响击球时手腕发力,过松容易使球拍摇晃影响击球的准确性,关键就在于手指手腕握拍时的灵活性。针对不同来球而做出的拍形调节具体情况如下:

(1)直拍的握拍调节

直拍运动员在击球时为了更便于发力与调整拍形,在完成各种动作时,应对手指的位置和发力的方法进行适当调整。推挡时,食指微压拍,大拇指第一指节上下推动调整拍形,球拍后面的三个手指自然弯曲,中指第一指节发力紧顶球拍(如图2-7所示)。正手攻球或拉球时,大拇指压拍,食指放松,球拍后面的三指略微伸展顶住球拍(如图2-8所示)。

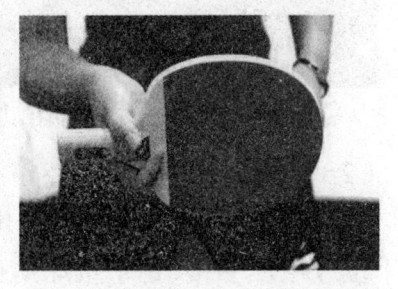

图2-7 直拍攻球时握拍的调节　　图2-8 直拍推挡时握拍的调节

(2)横拍的握拍调节

横拍运动员在击球时如遇正手发力攻球则食指微向球拍中部靠近以增加击球的力量(如图2-9所示),如遇反手发力击球则拇指微向中部靠近增加反手击球的力量(如图2-10所示)。

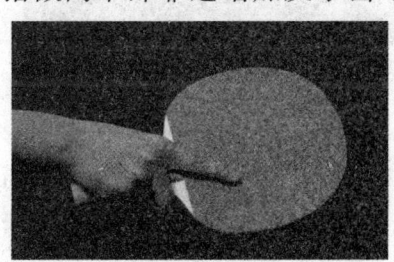

图2-9 横拍正手发力时的握拍　　图2-10 横拍反手发力时的握拍

二、站位与准备姿势

1. 横拍站位

横拍基本站位为运动员站于球台中间偏左角的位置,离球台50厘米左右。但具体站位姿势与个人的打法与技术特点关系密切。

(1)正手技术突出的快攻型

这样的选手喜欢站到球台的左角处,离球台30～40厘米,方便对来球进行全台正手攻球(如图2-11所示)。

图2-11　横拍进攻型运动员站位

(2)弧圈型

这样的选手喜欢站在球台中间偏左的位置离球台50厘米,反手位球用反手接,正手位球用正手接(如图2-12所示)。

图2-12　横拍弧圈型运动员站位

(3)防守型站位(削球)

横拍攻削结合打法基本站位在中台附近,因个人喜好不同站在中路靠左或中路靠右的地方,离球台1米左右(如图2-13所示)。

图 2-13　横拍削球的基本站位

2. 直拍站位

直拍的基本站位与横拍基本一致,站于球台中间偏左角的位置,离球台约 50 厘米。但具体站位姿势与个人的打法和技术特点有关。

（1）正手技术突出的单面进攻型站位

这样的选手通常站在球台的左角处,离球台 30～40 厘米,方便对来球进行全台正手攻球（如图 2-14 所示）。

图 2-14　直拍单面进攻型运动员站位

（2）正反面进攻型站位

这样的选手正手攻球与直拍横打技术运用娴熟,站于球台中间偏左处,离球台 30～40 厘米。正手位球用正手接,反手位球用横打技术接（如图 2-15 所示）。

图 2-15　直拍正反面进攻型站位

3. 准备姿势

准备姿势是击球开始前的最后姿势,有了准备就能及时、恰当地应付各种复杂局面。运动员击球时的准备姿势合理,便于迅速移动步法,选择最佳的击球位置,及时准确地把球回击过去(如图2-16所示)。准备姿势要求做到:

(1)两脚几乎平行站立,持拍手侧脚略靠后、与肩同宽或稍宽,身体重心保持平稳。

(2)微提踵,前脚掌内侧用力着地,保证快速起动。

(3)两膝微屈并向内扣,保持膝关节的良好弹性和使小腿处于略内旋的状态,以便动员较多的肌肉群参与脚步移动,发挥腿部力量,加快起动速度。

(4)含胸收腹,上体略前倾,以利于快速移动和转腰击球。

(5)持拍手臂自然弯曲,横握拍的肘部放松、直握拍的肘部略向外张,手腕放松,球拍置于腹部右前侧20~30厘米处,前臂自然平举。

(6)两眼紧盯来球,加强判断。

图2-16 基本的准备姿势

第二节 砂板乒乓球常用步法

一、步法的战略意义

所谓步法,即砂板运动员脚步移动的方法。砂板比赛,要求运动员在瞬间内完成判断、移动、击球、还原等环节。如果步法不好,则不能保证手臂以正确的击球动作击球,其击球质量和准确性就会大大降低。所以,初学者在学习手上动作的同时,一定不可忽视脚步移动的训练。

　　步法的要求是移动迅速、跑动到位、重心平稳、迅速调整,以利于手、腰和全身的协调发力。移动迅速是指对方球拍击球后的一瞬间判断了来球方向,即做脚步移动;跑动到位是指移动到有利于击球的位置上,做到重心平稳,并便于挥臂转腰和全身的协调用力;迅速调整是指在离台较远或紧贴球台不符合自身打法站位的基本要求时,首先应恢复重心平衡,保证随时能够迅速起动的状态,与此同时再做适当的调整。

　　砂板击过来的球,旋转都很弱,理论上都可以上手进攻。但从回击的时间上讲,大致可分为最佳点、次佳点、一般点和最差点。步法神速者,可以敏捷地抢到最佳点和次佳点,能够利用最佳的时机,发力攻击对方,形成有利的局面;步法稍慢者,只能捕捉到来球一般点,此时,好的战机已过,无法发力攻击,大多采用相持或过渡性的技术;而步法更慢者,勉强能打到来球的最差点,其回球质量可想而知,接下来将是更加被动。所以,没有良好的步法,就谈不上抢先上手,积极进攻。"兵贵神速",很多选手想攻而不能攻,心有余而力不足。这充分说明,步法中蕴藏着强大的进攻力。

二、步法训练的特征

1. 重心交换是步法移动的核心

　　通常在比赛中,每击一次球,都包含着重心交换,它使身体动作与步法组成一个有机的整体,是保持击球动作连贯性的核心。人体肌肉发力的顺序是从接近躯干到肢端肌肉,从大肌肉群到小肌肉群。根据这一原理,重心交换应由身体的转动带动步法的移动。重心交换的正确方法是(以右手持拍为例):击球前身体重心先放在右脚前脚掌,在击球瞬间身体重心转至左脚,两膝自然转动,然后迅速还原。重心交换的练习应贯穿于每一次击球动作当中。

2. 砂板步法快慢与田径冲刺的差异

砂板乒乓球运动员田径场的成绩可以一般,但需要有突出的专项移动能力,使步法与技术达到完美的结合。高水平运动员的训练效果,主要取决于专项素质的提高,而非一般身体训练。要结合自己的打法风格,选择惯常运用的步法,反复刺激,强化训练。

3. 快速起动的重要性

砂板乒乓球运动的特点是"短、频、快"。"短"——短距离;"频"——高频率;"快"——快起动。瞬间脚下起动是步法的精华。提高腿部和踝关节的爆发力,是训练的重点内容。要通过练习,逐步改善肌肉的力量和速度,这是保证步法迅速起动和到位击球的关键。

三、步法种类及其运用

1. 小碎步

即向前后左右移动时,高频率使用的小碎步。

在需要大范围移动,用任何一种步法移动不到位或击球后的重心和位置调整,常采用小碎步后接其他步法。如削球选手从远台接近网短球时,就是先用小碎步后接跨步的;进攻型选手从反手位跑接正手位大角度来球时,也是先用小碎步后接交叉步或跨步的。这种步法看似简单,却很重要,几乎击打每一拍球都要使用。

2. 单步

一脚内侧蹬地,另一脚向移动方向跨出一步。一般用以一步内,较小范围的移动,多用于攻、推、搓、削等离身体较近的球。如接右近网短球时,左脚蹬地,右脚跨出一步,重心跟到右脚后击球(如图 2-17 所示)。运用单步回击近网球时,容易出现的问题是重心跟不上去,直接影响击球的效果。

3. 跨步

一脚内侧蹬地,另一脚向移动方向跨一大步,一般在来球稍远时使用。这种步法的优点是速度快、便于还原。注意蹬地脚要跟得快,否则造成脚距过大,重心偏低并压在一只脚上,破坏了击球前的基本姿势,影响击球质量(如图 2-18 所示)。

直拍快攻和弧圈型选手用此步法较多;削球选手在中台接突击球时也常采用。

图 2-17　单步示意图　　　　图 2-18　跨步示意图

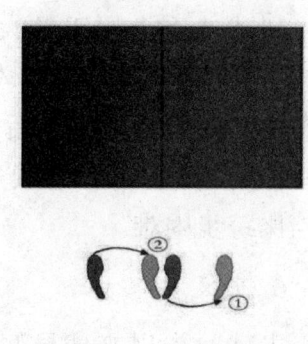

4. 跳步

以来球异侧脚先用力蹬地,两脚几乎同时离地,向左或向右移动,两脚几乎同时落地(如图 2-19 所示)。此种步法照顾范围较大,重心也较平稳,常在侧身进攻时采用,以取得适合的击球位置。

5. 并步

并步由两步组成:先向移动方向迈出,前一步小,后一步大。移动的幅度大于单步而小于跳步,移动时无腾空动作,有利于保持身体重心的稳定(如图 2-20 所示)。

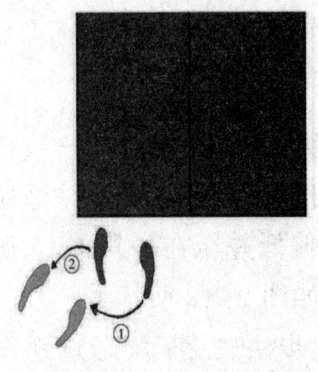

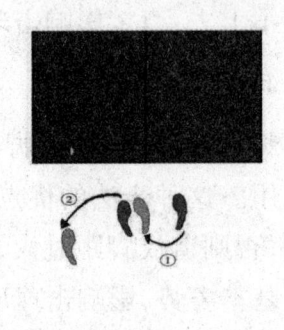

图 2-19　跳步示意图　　图 2-20　并步示意图

削球选手常用于较大范围的左右移动；进攻型选手用于正手攻、拉，特别适用于拉、攻削球。

并步的优点是到位后能保持身体的基本姿势，比跨步重心稳定，便于发力和正手连续进攻，但不如跨步简便快速，回反手位推挡比跨步困难。

6. 交叉步

击球时先以来球异侧脚向来球方向移动，并超过另一脚，紧接着另一脚再向来球方向移动，以取得适宜的击球位置（如图 2-21 所示）。

交叉步是移动幅度最大的一种步法，主要用以对付离身体较远的来球，击球时能充分发挥转体的加速力量。快攻型和弧圈型打法在侧身进攻后扑正手空挡或在走动中拉削球时，常运用它；削球打法在作前、后移动时，也常用交叉步来接近网短球和接削突击球。

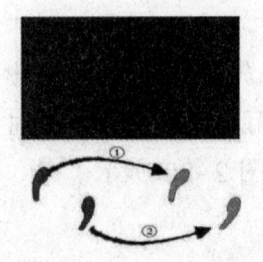

图 2-21　交叉步示意图

第三节　各种打法常用步法

一、快攻型

1. 左推右攻打法

其打法特点是站位比较近并偏左半台,站位姿势是左脚在前,右脚稍后,便于发挥正手进攻的威力。因此,它的步法移动是左右小范围的快速移动配合较大范围的移动和前后移动,通常以跨步和跳步为基本步法,结合运用其他步法。

2. 两面攻打法

打法特点是站位近,两脚平行站立,一般站位于中路偏左。它的步法移动是以小范围的跨步和跳步为主,以使身体让开位置,进行两面抢攻。

二、弧圈型打法

打法特点是战位稍离球台,挥臂动作的幅度较大,需要靠自身的发力。由于这种打法在进攻与防守时需要照顾的范围比较大,因此,移动时以跨步和交叉步为主,结合运用其他步法。

三、防守型打法

防守型打法的特点是站位离台较远。通常是击球的下降期,以利于自己摩擦控制对方的来球。因此,需要照顾的范围较大,重心要求转换快,移动时以交叉步为主要步法,并结合其他步法的运用。但因为目前砂板摩擦球旋转效果差,所以防过网的球在旋转上没有明显变化,导致这一打法的出现率较少。

第四节　横板单项技术

一、攻球

攻球具有速度快、力量大的特点,是砂板得分的主要手段。一场比赛的胜负和攻球的次数与命中率关系密切。因此,必须熟练地掌握与运用攻球技术。

以下均以右手握拍为例。

1. 正手攻球

（1）正手近台攻球

特点是站位近、出手快、动作幅度小,可以为得分创造条件,也可以直接得分。

动作要领:身体靠近球台,右脚稍后,两膝微屈,上体略前倾。击球前,引拍至身体右侧,上臂与身体成30°左右,与前臂成120°左右。当球从台面弹起时,手臂由右侧向左前上方迅速挥动,以前臂发力为主。击球时,手腕自然下垂,前臂和球拍成直线并与球台面平行,因砂板拍面摩擦小的特点击球动作发力方向比普通乒乓球略向上,动作也较大(如图2-22所示)。

图2-22　横拍正手近台攻球

（2）正手中远台攻球

站位离球台较远，动作幅度较大，自身发力较多。由于击球力量大，在对攻中可以为下一板得分创造有利条件。

动作要领：右脚在后，重心置于右脚，身体离球台1米或1米以外。击球前的准备姿势与正手近台攻球相类似。击球时以上臂发力为主，带动前臂和手腕向左前上方挥动，在球的高点或下降前期向前击球的中部，多向前发力（如图2-23所示）。

图2-23　横拍正手中远台攻球

（3）正手扣杀半高球

特点是动作幅度大，力量狠。

动作要领：两脚开立，右脚在后，重心在右脚上。击球前，身体略向右转，引拍至右后方。击球时，上臂带动前臂由后向前用力挥击，结合右脚蹬地和转腰力量在高点期击球，多向前发力。击球时，拍面稍前倾，击球的中上部。击球后，球拍随挥至胸前左方，重心移至左脚（如图2-24所示）。

图 2-24 横拍正手扣杀半高球

（4）正手台内挑打

特点是站位近，动作小，出手快，击球点在台内，是还击短球的一项进攻技术。

动作要领：站位靠近球台，回击右侧近网球时，左脚先向上一步、右脚迅速向右前方跨出一步插入球台下方，上体略前倾，球一落台就迅速将球拍伸入球的后下方。当球跳至高点期时，前臂与腕关节共同完成一个快速的向前翻转。球拍根据来球的情况不同调整拍面的位置。击球时前臂和手腕向前用力，随挥阶段非常短（如图 2-25 所示）。

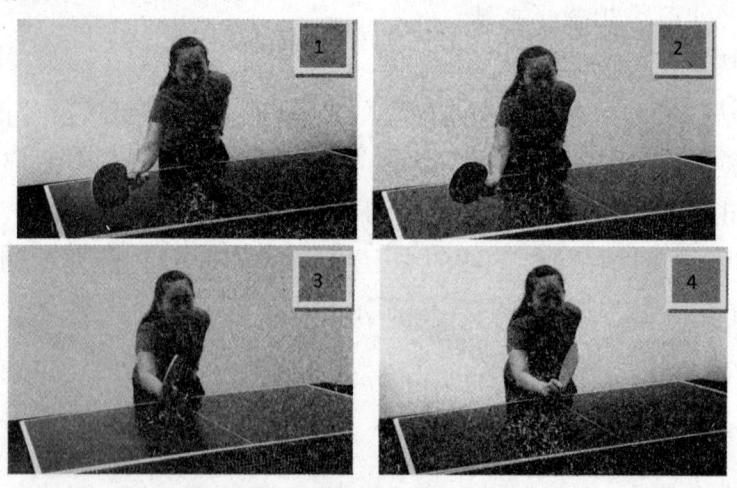

图 2-25 横拍正手台内挑打

(5)侧身正手攻球

利用侧身正手攻球技术,是争取主动得分的主要手段。

动作要领:首先应选择跳步迅速移动到侧身位置,身体侧向球台,左脚在前,右脚稍后,上体略前倾并收腹。击球时,根据来球情况,可以在侧身位置用正手近台攻球、中台攻球等各项技术回击来球(如图 2-26 所示)。

图 2-26 横拍正手侧身位攻球

(6)正手滑板球

滑板球是一项声东击西的辅助进攻技术,它回球角度大,落点刁钻,运用得好也可以直接得分。

动作要领:击球前,重心在右脚,左脚在前,身体略向右转,球拍置于身体右侧,手臂由右向左前方挥动,在高点期击球中间靠左的位置,触球瞬间右滑拍使球变线向右移动。击球后,重心移至左脚(如图 2-27 所示)。

图 2-27　横拍正手滑板球

正手攻球应注意的问题：

第一，击球时站位要准确、动作要合理、拍形要正确，避免造成抬肘、夹臂、吊腕等错误动作，影响击球的力量和速度。

第二，击球时，除了击球瞬间、其余时间都该全身放松，以便于更好的发力和减少身体疲劳。

第三，击球时注意力要集中，避免因为思想问题影响击球命中率。

2. 反手攻球

（1）反手近台攻球

特点是站位近、动作小、球速快，常用于为正手进攻或进一步的战术配合创造机会。

动作要领：横拍反手攻球时，两脚平行开立，上体稍前倾，肘关节自然弯曲，上臂与前臂约成100°，前臂与球拍几乎成直线，球拍置于腹部左前方。击球时，以肘关节为轴前臂向右前上方挥动，在上升期击球的中上部，触球时腰带前臂发力同时手腕向外转动（如图2-28所示）。

图 2-28 横拍反手近台攻球

（2）反手中远台攻球

动作幅度及力量比反手近台攻球大,常为进一步的战术和正手进攻创造机会或直接得分。

动作要领:右脚稍前,身体略向左转,重心放在左脚,离台约1米或1米以上。击球前,上臂贴近身体,肘关节自然弯曲,引拍至腹部左前方。击球时,上臂带动前臂向右前上方迅速挥动,拍面近乎垂直,在下降前期击球的中部或中上部。击球后,球拍随挥至头部,重心移至右脚(如图2-29所示)。

图 2-29 横拍中远台攻球

（3）反手台内攻球

特点是站位近、动作小,靠手指和手腕发力击球,是还击左近网球的一项有效技术。

动作要领:来球在左近网位置时,右脚迅速向左前方跨出一步左脚跟上置于球台下方,上体略前倾。迅速将拍伸进台内,拍柄稍向上。当球跳至高点期时,运用前臂外旋和手指、手腕转动的力量击球(如图 2-30 所示)。

图 2-30 横拍反手台内攻球

反手攻球应注意的问题:

第一,击球时注意体会摩擦与击打之间的结合程度,因为砂板摩擦力少,所以要多击打球以免击球下网。

第二,击球时手腕不因过度下垂,以免影响发力效果导致回球质量差。

第三,击球时拍面减少外撇,以免影响攻球的命中率。

二、弧圈球

1. 正手拉球

拉球是现代乒乓球运动中的主要进攻技术,在砂板乒乓球中也占据着重要的地位,是回击对方来球的主要进攻技术,能为进一步进攻创造机会。较好落点的拉球也可以直接得分。

动作要领:站位靠近球台,右脚稍后,重心支撑点在右脚上。击球前,引拍至身体右侧下方,拍面近乎垂直。上臂自然放松,与前臂约成 130°。当球从最高点开始下降时,右脚蹬地腰向左转,上臂和前臂由后向前上方挥动,前臂迅速内收,结合手腕转动的力量摩擦球的中部。击球后,重心移至左脚,球拍随挥至头部(如图 2-31 所示)。

图 2-31 横拍正手拉弧圈球

2. 正手对拉弧圈球

结合砂板弧圈球转速较低的特点,调整拍形正手回击弧圈球。

动作要领:回击弧圈球先向后引拍,可在来球即将落台时拉开手臂,球弹到高点左右时向左上方蹬地转腰、前臂迅速向左前上方内收,拍面前倾与台面成 45° 左右,击球的中上部(如图 2-32 所示)。

图 2-32　横拍中远台对拉弧圈球

3. 反手拉球

这是横拍砂板反手得分的主要技术。

动作要领：右脚稍前或两脚平行站立。击球前，引拍至腹前偏左处，上臂与前臂约成130°，肘关节略向前，拍面近乎垂直。击球时，上臂贴近身体，前臂向右上方挥动，在下降前期击球的中部。触球一瞬间，左腿蹬地、转腰、手腕向上转动，使拍面尽可能摩擦球。击球后球拍随挥至体前（如图2-33所示）。

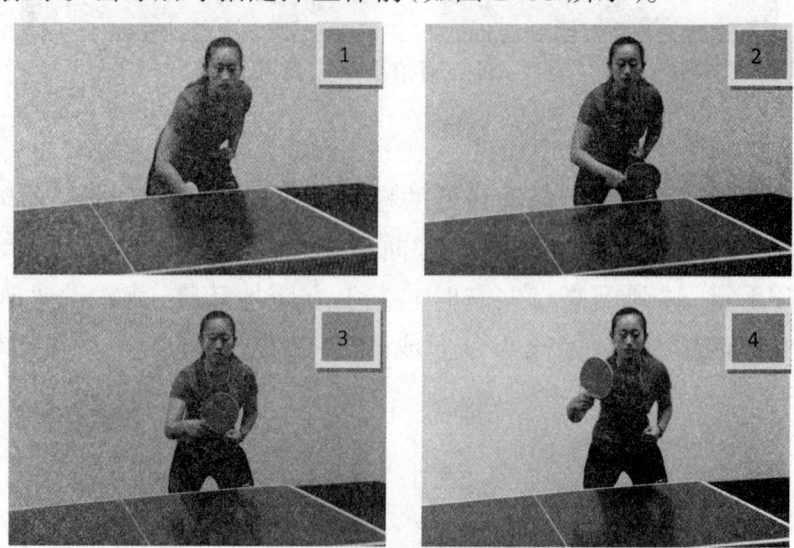

图 2-33　横拍反手拉球

4. 反手对拉弧圈球

这是砂板乒乓球横拍中近台主要进攻技术。

动作要领：回击攻球时，上臂贴近身体，向左后方引拍，前臂高于台面，拍柄略向下。当球从台面弹起至恰当击球位置时，前

第二章　砂板乒乓球单项技术与常用步法

臂快速外旋挥拍,拍面与台面约成45°,视来球情况调整拍形向前用力击球的中上部(如图2-34所示)。

图2-34　横拍反手中远台拉球

三、削球

削球是一项重要的防守技术,它通过落点和节奏的变化调动对方,伺机反攻而得分。

1. 正手近台削球

击球动作较小,回球速度较快。削球能使对方回击困难,并可伺机反攻。

动作要领:两脚几乎是与球台平行站立,身体离台稍近。击球时,稍向右侧,右脚拉后半步,手臂自然弯曲,引拍约与肩平,拍面稍后仰,前臂用力向左前下方切削,手腕配合下压,一般在来球高点期摩擦球的中部或中下部(如图2-35所示)。

图 2-35　横拍正手近台削球

2. 正手中远台削球

击球的动作较大,球速较慢,弧线较长,比较稳健,利于落点和节奏的变化来防守对方的杀球。

动作要领:两脚开立,右脚在后,身体离台 1 米以外,两膝弯曲,上体稍向右转,重心在右脚。手臂自然弯曲,引拍至右肩侧。击球时,手臂向左前下方挥动,拍面后仰,手腕在拍与球接触的一瞬间转动,在来球下降期摩擦球的中下部(如图 2-36 所示)。

图 2-36　横拍正手中远台削球

3. 正手削追身球

动作判断时间短、出手匆忙,接这种球难度比较大,要反复练习才能掌握。

动作要领：来球在身体中间偏右时，要迅速向左让位，用正手回接。右脚后撤一步，身体立即右转并收腹，重心放在后脚，手臂靠近身体，前臂向右上提起。击球时，前臂和手腕向前下方用力，并配合外旋动作使拍面后仰，将球削出（如图2-37所示）。

图2-37 横拍正手削追身球

4.反手近台削球

击球动作较小，回球速度较快。削球能使对方回击困难，并可伺机反攻。

动作要领：两脚开立，右脚稍前，两膝微屈，身体离台稍近并略向左转。手臂自然弯曲，向左上方引拍约与肩平，拍面稍后仰。击球时，手臂迅速向右前下方挥动，以前臂和手腕用力为主，在来球高点期摩擦球的中部或中下部，将球削出（如图2-38所示）。

图 2-38 横拍反手近台削球

5. 反手中远台削球

击球的动作较大,球速较慢,弧线较长,比较稳健,利于落点和节奏的变化来防守对方的杀球。

动作要领:两脚开立,右脚在前,两膝微屈,上体略左转,重心放在左脚,引拍至左肩侧。击球时上臂带动前臂向右前下方挥动,拍面后仰,手腕跟着前臂用力方向转动,在来球下降期击球的中下部,将球削出(如图 2-39 所示)。

图 2-39 横拍反手中远台削球

6. 反手削追身球

动作判断时间短、出手匆忙,接这种球难度比较大,要反复练习才能掌握。

动作要领：来球在身体中间偏左时，要迅速向侧让位，用反手回接。右脚后撤一步，身体立即右转并收腹，重心放在后脚，手臂靠近身体，前臂向右上提起，引拍至胸前。击球时，前臂和手腕向前下方用力，并配合内旋动作使拍面后仰，将球削出（如图2-40所示）。

图2-40 横拍反手削追身球

削球应注意的问题：

第一，引拍时，要注意球拍的上提动作，如果球拍上提不够，则容易出现回球过高或回球下旋不强的现象。

第二，削球要和步法紧密配合，并兼顾砂板击球旋转弱的特点。

第三，削球时，手臂、腰、腹、腿等要协调，以便提高削球的稳健性，更好地运用旋转变化。

四、搓球

搓球是回击台内下旋球的一项技术，由于它比较稳健，落点的变化较多，因此可用作过渡，以寻找进攻的机会。

1. 正手快搓

动作要领：两脚平行或右脚稍前站立，两膝微屈，身体靠近球台。击球前，右手向右后方引拍，拍面稍后仰。击球时，前臂和手腕向左前下方挥动，在来球上升期摩擦球的中下部，将球快速搓出（如图 2-41 所示）。

图 2-41 横拍正手快搓球技术

2. 正手慢搓

动作要领：两脚开立，右脚稍后，两膝微屈，身体稍向右转，离台稍远。击球前，向右后方引拍，拍面后仰。击球时，前臂和手腕向左前下方挥动，在来球下降期摩擦球的中下部将球搓出（如图 2-42 所示）。

图 2-42　横拍正手慢搓球技术

3. 反手快搓

动作要领：两脚开立，两膝微屈，身体靠近球台。击球时，拍面稍后仰，前臂配合手腕动作向前下方送出，在来球上升期摩擦球的中下部，将球快速搓出（如图 2-43 所示）。

图 2-43　横拍反手快搓球技术

4. 反手慢搓

动作要领：两脚开立，身体离台稍远，手臂自然弯曲，向左上方引拍。击球时，前臂内旋配合转腕动作向前下方用力，拍面后仰，在来球下降期摩擦球的中下部，将球送出（如图 2-44 所示）。

图 2-44　横拍反手慢搓球技术

搓球应注意的问题：

第一，要运用转与不转搓球，转球用拍面摩擦球，不转球用拍面将球托出。

第二，要多用快搓控制对方，不给对方抢攻的机会。

第三，搓球要与突击或抢拉、抢冲相结合。

第四，砂板乒乓球旋转较弱，要尽可能选择攻球，不得已时再使用搓球技术。

五、发球

发球是一项很重要的基本技术。发球时应选择自己最合适的位置，按照自己的战术意图发出各种高质量、威胁大的球，因而在战术运用上起着至关重要的作用。好的发球，可以直接得分或为下一板抢攻创造条件。

1. 正手发急长球

动作要领：站位偏左角，身体侧对球台，左手掌心持球，右手持拍于身体前方。抛球后，腰向右转、右臂引拍，待球下落时向左转腰、前臂迅速由后向前挥动,拍面略前倾,击球的中上部。击球后,前臂和手腕随势向前挥动(如图2-45所示)。

图 2-45　横拍正手发急长球

2. 反手发急长球

动作要领:站位偏左角,身体侧对球台,右手持拍于身体左侧。抛球后向腹部引拍,待球下落时前臂迅速由后向前挥动,拍面稍前倾,击球的中上部。击球后,前臂和手腕随势向前挥动(如图2-46所示)。

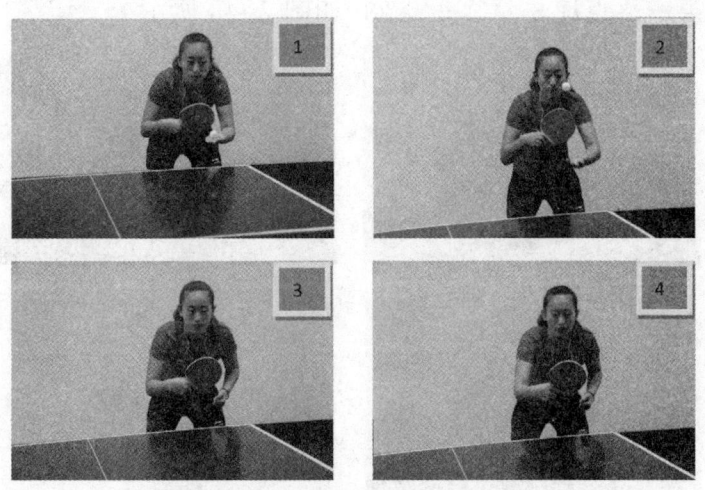

图 2-46　横拍反手发急长球

3. 正手发短球

动作要领：准备姿势与发正手急球相似。不同的是击球时拍形稍后仰，手腕外展、前臂和手腕轻轻击球的中下部。击球点基本与网同高，第一落点应尽量靠近球网（如图 2-47 所示）。

图 2-47 横拍正手发短球技术

4. 反手发短球

动作要领：准备姿势与发反手急球相似。不同的是击球时拍形稍后仰，前臂和手腕略微发力击球的中下部。击球点基本与网同高，第一落点应尽量靠近球网（如图 2-48 所示）。

图 2-48 横拍反手发短球技术

第二章　砂板乒乓球单项技术与常用步法

5. 正手发左侧上(下)旋球

动作要领：站位偏左角，身体侧对球台。抛球时，持拍手向右上方引拍，手腕外展。当球下落与网同高时，手臂迅速向左下方挥动，触球瞬间手腕快速向左上(下)方转动，使球拍从球的中部向左上方摩擦。发左侧上(下)旋球时，手腕快速向左上(下)方转动，使球拍从球的中部向左上(下)方摩擦(如图2-49所示)。

图2-49　横拍正手发左侧上(下)旋球技术

6. 反手发右侧上(下)旋球

动作要领：右脚在前，持拍手向左下方引拍，拍柄向前，当球下落与网同高时，前臂和手腕同时发力，触球瞬间手腕向右上方转动，使拍从球的中部向右上方摩擦。发右侧下旋球时，手腕向右下方挥动，使拍从球的中部向右下方摩擦(如图2-50所示)。

· 51 ·

图 2-50　横拍反手发右侧上（下）旋球

7. 高抛发球

动作要领：站位偏左角，身体侧对球台，右脚在后，两膝微屈，持球手一侧身体与球台距离约 10 厘米。抛球时，持球手、肘都要靠近身体，手持球略高于台面，手腕固定，以前臂发力为主配合膝关节伸展向上抛球。当球抛起后，持拍手臂立即向右侧后上方引拍，手腕也随之外展，腰腹向右侧稍提起，待球落至比网稍高时，开始挥臂击球。拍与球接触的一瞬间，动作和发正手左侧上（下）旋球相同。

发高抛球时，球要抛得高且直，球抛得越高，下降时的加速度越大，拍与球接触时的合力就越大，球落到对方球台拐弯的现象就越明显。球抛得不直，会影响击球动作。为了增大摩擦力，摆臂速度要快，击球时要用球拍的下沿摩擦球（如图 2-51 所示）。

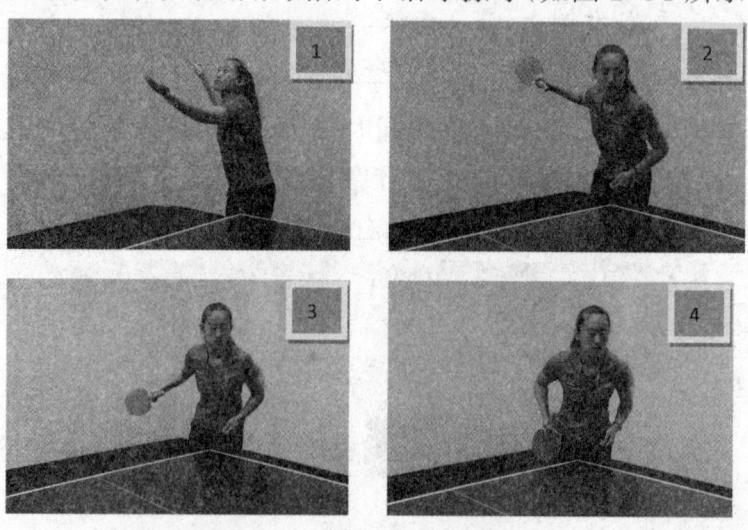

图 2-51　横拍发高抛球技术

8. 下蹲式发球右侧

动作要领：双腿微屈站于球台偏左，抛球后等球下落的同时下蹲，当球下落高度与网平行时，挥拍发力向前砍球。

横拍下蹲式发右侧上（下）旋球时，将球抛起后，持拍手向上引拍超过肩部。当球下落至比网稍高时，用球拍正面由右向左前方挥动，摩擦球的右侧上（下）部，使球产生右侧上（下）旋球（如图 2-52 所示）。

图 2-52　直板下蹲式发右侧上（下）旋球

9. 下蹲式发球左侧

动作要领：双腿微屈站于球台偏左，抛球后等球下落的同时下蹲，当球下落高度与网平行时，挥拍发力向前砍球。

横拍下蹲式发左侧上（下）旋球时，将球抛起后，持拍手向上引拍超过肩部。当球下落至比网稍高时，用球拍反面由左向左前方挥动，摩擦球的左侧上（下）部，使球产生左侧上（下）旋球（如图 2-53 所示）。

图 2-53　横拍下蹲发左侧上（下）旋球

横拍发球应注意的问题：

第一，发球一定要严格遵守规划规定。

第二，发旋转、性能不同的球时，动作要尽可能相似，借以迷惑对方，提高发球和发球抢攻的质量。

第三，发球要成龙配套，与自己的打法特点紧密结合。

第五节　砂板乒乓球直拍技术

一、攻球

正手攻球技术是砂板直拍得分的主要技术，攻球具有速度快、力量大的特点，是砂板得分的主要手段。一场比赛的胜负和攻球的次数与命中率关系密切。因此，必须熟练地掌握与运用攻球技术。

以下均以右手握拍为例。

第二章　砂板乒乓球单项技术与常用步法

1. 正手近台攻球

特点是站位近、出手快、动作幅度小,可以为得分创造条件,也可以直接得分。

动作要领:身体靠近球台,右脚稍后,两膝微屈,上体略前倾。击球前,引拍至身体右侧,上臂与身体约成35°,与前臂约成120°。当球从台面弹起时,手臂由右侧向左前上方迅速挥动,以前臂发力为主。击球时,手腕放平与前臂成180°,球拍拍柄指向斜上方、前臂与球台面平行,因砂板拍面摩擦小的特点击球动作发力方向比普通乒乓球略向上(如图2-54所示)。

图2-54　砂板直拍正手近台攻球

2. 正手中远台攻球

站位离球台较远,动作幅度较大,自身发力较多。由于击球力量大,在对攻中可以为下一板得分创造有利条件。

动作要领:右脚在后,重心置于右脚,身体离球台1米或1米以外。击球前的准备姿势与正手近台攻球相类似。击球时以上臂发力为主,带动前臂和手腕向左前上方挥动,在球的高点或下降前期向前击球的中部(如图2-55所示)。

图 2-55 直拍正手中远台攻球

3. 正手扣杀

特点是动作幅度大,力量狠,是得分的主要技术。

动作要领:两脚开立,右脚在后,重心在右脚上。击球前,身体略向右转,引拍至右后方。击球时,上臂带动前臂由后向前用力挥击,结合右脚蹬地和转腰力量在高点期击球。击球时,拍面稍前倾,击球的中上部。击球后,球拍随挥至胸前左方,重心移至左脚(如图 2-56 所示)。

图 2-56 直拍正手扣杀球

4. 正手台内挑打

特点是站位近，动作小，出手突然，击球点在台内，是还击近网球的一项进攻技术。

动作要领：站位靠近球台，回击右侧近网球时，左脚先向上一步、右脚迅速向右前方跨出一步插入球台下方，上体略前倾，球一落台就迅速将球拍伸入球的后下方。当球跳至高点期时，前臂与腕关节共同完成一个快速的向前翻转。球拍根据来球的情况不同调整拍面的位置。击球时前臂和手腕向前用力，随挥阶段非常短（如图 2-57 所示）。

图 2-57　直拍正手台内挑打球

5. 侧身正手攻球

利用侧身正手攻球技术，是争取主动得分的主要手段。

动作要领：首先应选择跳步迅速移动到侧身位置，身体侧向球台，左脚在前，右脚稍后，上体略前倾并收腹。击球时，根据来球情况，可以在侧身位置用正手近台攻球、中台攻球等各项技术回击来球（如图 2-58 所示）。

图 2-58 直拍正手侧身位攻球

6. 正手滑板球

动作要领：击球前，重心在右脚，左脚在前，身体略向右转，球拍置于身体右侧，手臂由右向左前方挥动，在高点期击球中间靠左的位置，触球瞬间手腕顺势向右滑拍使球变线向右移动。击球后，重心移至左脚（如图 2-59 所示）。

图 2-59 直拍正手滑板球

·58·

正手攻球应注意的问题：

第一，挥拍时，要注意球拍的上提动作，如果球拍上提不够，则容易出现回球下网的现象。

第二，击球时，除了击球瞬间，其余时间都该全身放松，以便于更好的发力和减少身体疲劳。

第三，击球时注意力要集中，不因思想问题影响攻球命中率。

二、直拍弧圈球

1. 正手拉弧圈球

拉球是现代乒乓球运动中的主要进攻技术，在砂板乒乓球中也占据着重要的地位，是回击对方来球的主要进攻技术，能为进一步进攻创造机会。较好落点的拉球也可以直接得分。

动作要领：站位靠近球台，右脚稍后，重心支撑点在右脚上。击球前，引拍至身体右侧下方，拍面近乎垂直。上臂自然放松，与前臂约成130°。当球从最高点开始下降时，右脚蹬地腰向左转，上臂和前臂由后向前上方挥动，前臂迅速内收，结合手腕转动的力量摩擦球的中部。击球后，重心移至左脚，球拍随挥至头部（如图2-60所示）。

图2-60 直拍正手拉弧圈球

2. 正手对拉弧圈球

结合砂板弧圈球转速较低的特点,调整拍形正手回击弧圈球。

动作要领:回击弧圈球先向后引拍,可在来球即将落台时拉开手臂,球弹到高点左右时向左上方蹬地转腰、前臂迅速向左前上方内收,拍面前倾与台面成45°左右,击球的中上部(如图2-61所示)。

图 2-61　横拍中远台对拉弧圈球

三、推挡球

它是砂板直板左推右攻打法的主要技术之一。推挡球站位近、动作小、球速快、变化多,比赛中常用其速度、落点的变化来争取主动,充分发挥近台快攻的威力。

1. 平挡球

特点是力量小、速度较慢、动作容易掌握,是初学推挡技术的第一步。

动作要领:两脚平行站立,身体靠近球台。击球前,两膝微屈、含胸收腹、引拍至腹前。击球时,球拍由后向前,球拍触球拍面与台面近乎垂直,在上升期击球的中部,略微主动发力回击来球。击球后,迅速还原(如图 2-62 所示)。

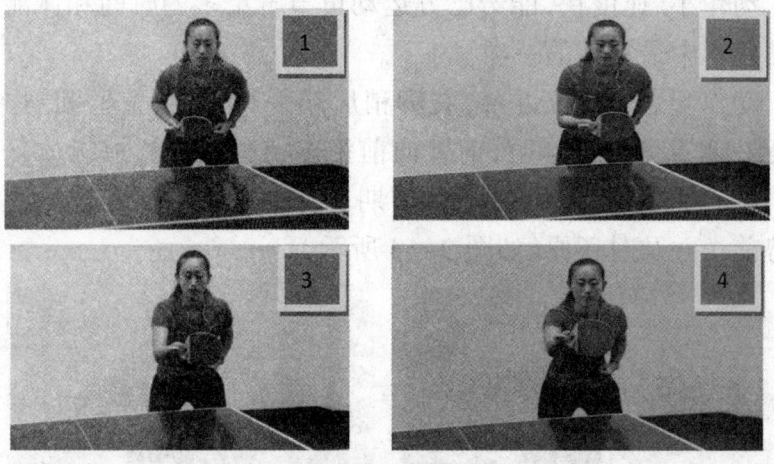

图 2-62 直板反手平挡球

2. 减力挡

减力挡可以较好地减弱来球的力量,一般在对方来球力量较大的情况下使用。

动作要领:站位与平挡球相同。击球时,在击球瞬间手臂前移的动作骤停,同时球拍拍形微向后仰,调节好拍面角度把球拍轻轻后移,以减弱来球的冲力。击球后,动作迅速还原(如图 2-63 所示)。

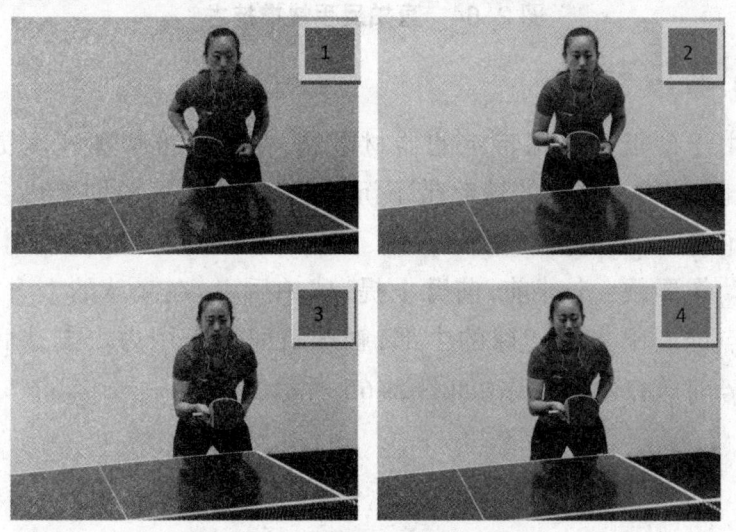

图 2-63 直板反手减力挡技术

3. 快推

动作小、速度快,能给己方运动员节省更多的时间和体能,是推挡技术中最常用的一项。

动作要领:站位近台,右脚稍后或平行站立,上臂和肘关节靠近右侧身旁。击球时,前臂向前推出,食指压拍,拇指放松,球拍与球台垂直,在来球的上升前期击球的中上部。击球后,手臂随势前送并及时还原(如图2-64所示)。

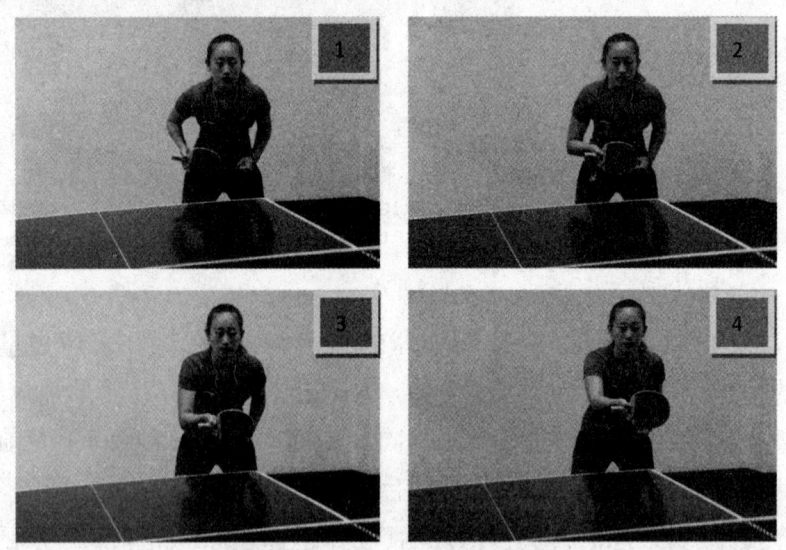

图2-64 直拍反手快推技术

4. 推切

由于砂板乒乓球特定的器材限制,使砂板推切球速度更快、力量比快推大,击出的球略带下沉,能为下一步战术创造机会,运用好了有时可以直接得分。

动作要领:击球前,前臂上提,球拍后引,在来球的上升后期或高点向斜下方推切球的中部,触球瞬间快速用力。击球后,手臂随势前送并及时还原(如图2-65所示)。

图 2-65　直拍反手推切球技术

5. 推弧圈球

是反手对付弧圈球比较有效的一项技术。

动作要领：推挡回击弧圈球时，食指压拍使拍面略前倾，与台面约成 60°，在来球上升前期推击球的中上部（如图 2-66 所示）。

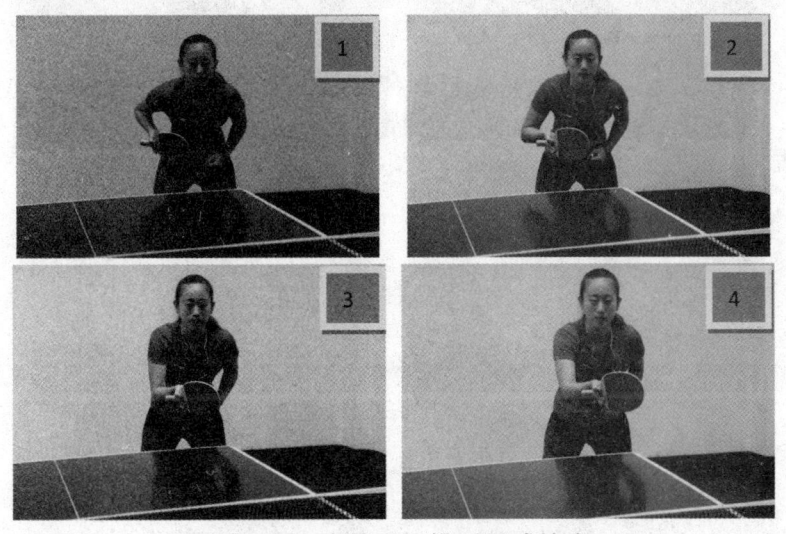

图 2-66　直拍反手推弧圈球技术

推挡球应注意的问题：

第一，击球时拇指和食指要善于考虑砂板特性，调节拍面角度、以提高击球的命中率。

第二，击球时肘关节应靠近身体，手臂后引和前推的幅度不宜过大，以免影响摆速。

第三，击球时球拍应呈横立状，以便于手腕发力。

四、直板反手攻球

1. 弹击球

是直拍反手左推右攻打法的一项高级技术，因其隐蔽性强、速度快，回球力量大，所以威胁性大。

动作要领：击球前以肘关节为轴，球拍后引，肘、腕关节自然放松，球拍略后仰根据来球高度调整球拍高度。击球时转腰转髋，重心从左向右，身体前压，前臂、手腕、手指依次发力向前快速弹击球。击球后，顺势挥拍并调整重心后及时还原（如图2-67所示）。

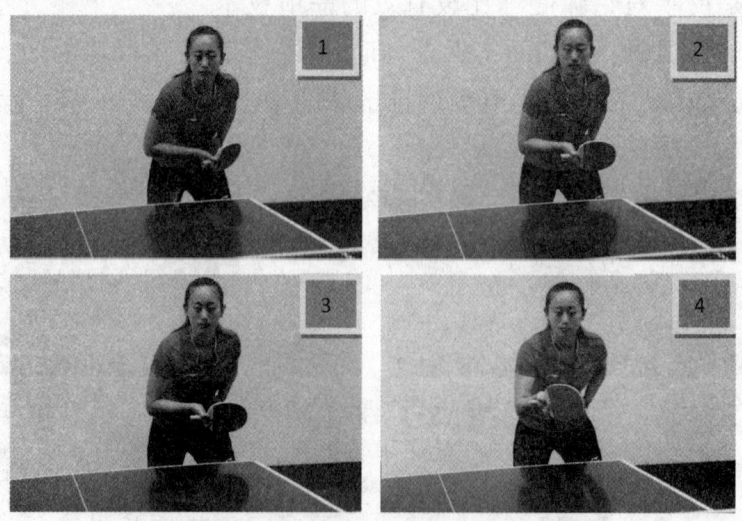

图2-67 直拍反手弹击球技术

2. 直拍反手台内挑打球

由于砂板乒乓球旋转速度慢，所以直拍反手台内挑打球被广泛地运用在反手位台内小球的处理上，有动作小、隐蔽性强等特点。

动作要领：来球在左近网位置时，右脚迅速向左前方跨出一步左脚跟上置于球台下方，上体略前倾。迅速将拍伸进台内，拍柄稍向上。当球跳至高点期时，运用前臂外旋和手指、手腕转动的力量击球（如图 2-68 所示）。

图 2-68　直拍反手台内挑打球技术

3. 直拍反手近台攻

特点是站位近、动作小、球速快，常用于为正手进攻或进一步的战术配合创造机会。

动作要领：直拍反手攻球时，两脚平行开立，上体稍前倾，肘关节自然弯曲，上臂与前臂约成 100°，击球前食指紧扣球拍，使球拍置于腹部左前方。击球时，以肘关节为轴前臂向右前上方挥动，在上升期击球的中上部，触球时腰带前臂发力，同时手腕向外转动（如图 2-69 所示）。

图 2-69 直拍反手近台攻球技术

4. 直拍反手中远台攻

动作幅度及力量比反手近台攻球大，常为进一步的战术和正手进攻创造机会或直接得分。

动作要领：右脚稍前，身体略向左转，重心放在左脚，离台约1米或1米以上。击球前，上臂贴近身体，肘关节自然弯曲，引拍至腹部左前方。击球时，上臂带动前臂向右前上方迅速挥动，拍面近乎垂直，在下降前期击球的中部或中上部。击球后，球拍随挥至头部，重心移至右脚（如图2-70所示）。

图 2-70 直拍反手中远台攻球技术

五、直拍横打

直拍横打技术是指直拍运动员通过球拍背面回击来球的一

第二章　砂板乒乓球单项技术与常用步法

种办法。在普通乒乓球比赛中已经成为一项常规技术,砂板中的运用也较为普及。

1. 反面快拨

反面快拨是直拍运动员运用球拍反面回击近台不转或上旋球的一种技术,具有动作小、速度快等特点。

动作要领:击球前拇指压住球拍、食指放松、拍形略前倾,手腕放松。球拍与球台成60°左右,拍头向下。击球时以肘关节为轴,转腰带动前臂向前迎球击出,击球的中上部(如图2-71所示)。

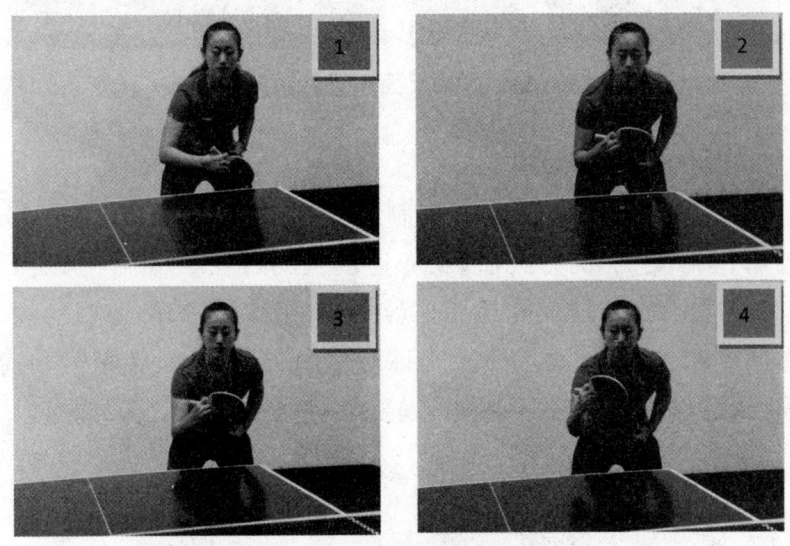

图2-71　直拍反面快拨球技术

2. 反面中远台攻

动作幅度及力量比反手近台攻球大,常为进一步的战术和正手进攻创造机会或直接得分。

动作要领:右脚稍前,身体略向左转,重心放在左脚,离台约1米或1米以上。击球前,上臂贴近身体,肘关节自然弯曲,引拍至腹部左前方。击球时,上臂带动前臂向右前上方迅速挥动,拍面更接近于垂直,在下降前期击球的中部或中上部。击球后,球拍随挥至头部,重心移至右脚(如图2-72所示)。

图 2-72 直拍反面中远台攻球技术

3. 反面拉球

直拍反面拉球是砂板直拍制造弧线提高回球质量的一项重要技术，具有手腕发力灵活、反应速度快的特点。

动作要领：击球前拇指压住球拍、食指放松、拍形适当前倾，手腕微向回扣，球拍拍头向下。击球时以肘关节为轴，转腰带动前臂向前迎球击出，击球的力量适当远离球的重心（如图 2-73 所示）。

图 2-73 直拍反面拉弧圈球技术

第二章　砂板乒乓球单项技术与常用步法

4. 反面反拉弧圈球

反面反拉是反手对付弧圈球的一种有效技术,比赛当中运动员运用直拍反面反拉的技术可以弥补直拍反手推挡在人体力学上的缺陷,提高击球的力量与速度,甚至可以直接得分。

动作要领:击球前向左转腰,拇指压拍、食指适度放松,拍形适当前倾,手腕内扣、拍头向后下方(拍头根据来球的旋转引向自己怀中),肘关节向前突出,手臂稍向左后方引拍,球拍的高度视来球情况而定。击球时,蹬地、转腰,大臂带动前臂甩腕向前上方发力(如图2-74所示)。

图2-74　直拍反手反面中远台对拉弧圈球技术

5. 反面攻台内球

砂板乒乓球旋转较弱,接发球更容易上手,因此反面进攻台内球更能使运动员在一个回合当中占据主动,甚至可以直接得分。

动作要领:站位靠近球台,回击右侧近网球时,左脚先向上一步、右脚迅速向右前方跨出一步插入球台下方,上体略前倾,球一落台就迅速将球拍贴于球后方,手腕内扣向下引拍。当球跳至高点期时,前臂与腕关节共同完成一个快速的向前翻转。球拍根据来球的情况不同调整拍面的位置。击球时前臂和手腕向前用力,随挥阶段非常短(如图 2-75 所示)。

图 2-75　直拍反面台内拧拉球技术

砂板直拍横打球应注意的问题：

第一,击球时拇指和食指要善于调节拍面角度,以提高击球的命中率。

第二,击球时手腕外旋向前上方发力,手臂后引和前推的幅度适中,以免影响摆速。

第三,击球时球拍应呈横立状,以便于手腕发力。

六、搓球

搓球是回击台内下旋球的一项技术,由于它比较稳健,落点的变化较多,因此可用作过渡,以寻找进攻的机会。

1. 正手快搓

动作要领：两脚平行或右脚稍前站立,两膝微屈,身体靠近球台。击球前,右手向右后方引拍,拍面稍后仰。击球时,前臂和手腕向左前下方挥动,在来球上升期摩擦球的中下部,将球快速搓出(如图 2-76 所示)。

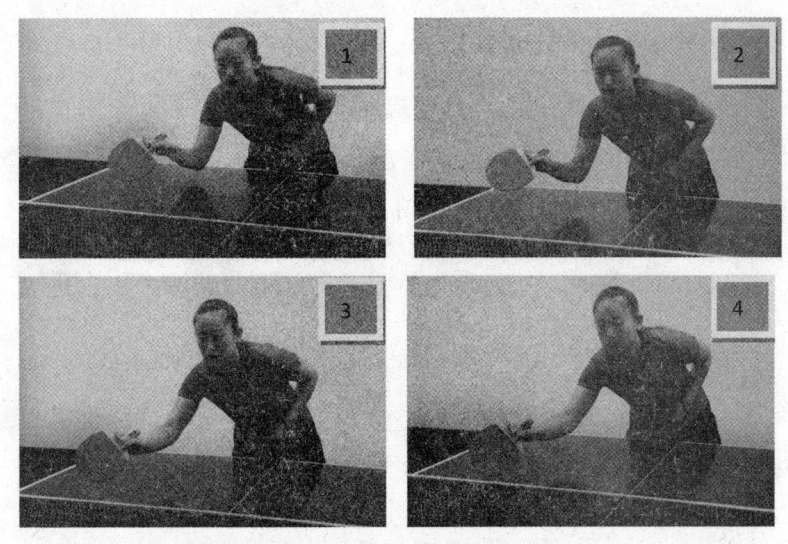

图 2-76　直拍正手快搓球技术

2. 正手慢搓

动作要领：两脚开立，右脚稍后，两膝微屈，身体稍向右转，离台稍远。击球前，向右后方引拍，拍面后仰。击球时，前臂和手腕向左前下方挥动，在来球下降期摩擦球的中下部将球搓出（如图 2-77 所示）。

图 2-77　直拍正手慢搓球技术

3. 反手快搓

动作要领：两脚开立，两膝微屈，身体靠近球台。击球时，拍面稍后仰，前臂配合手腕动作向前下方送出，在来球上升期摩擦球的中下部，将球快速搓出（如图2-78所示）。

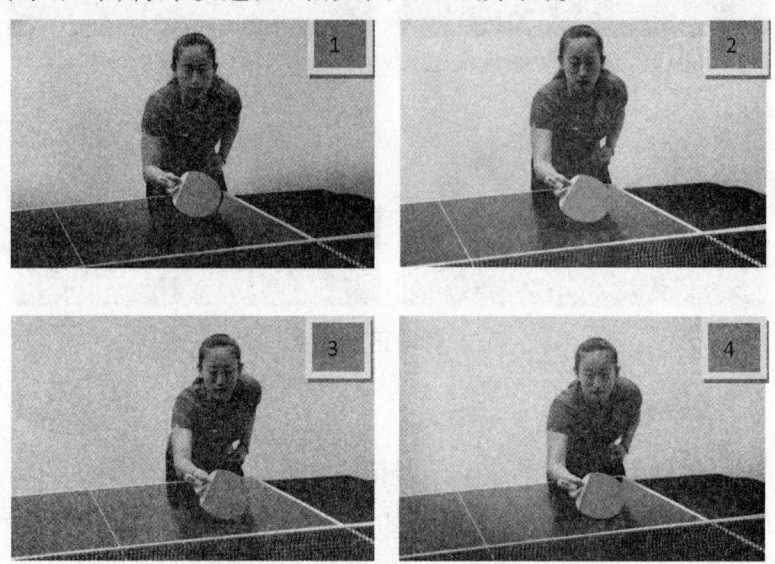

图2-78 直拍反手快搓球技术

4. 反手慢搓

动作要领：两脚开立，身体离台稍远，手臂自然弯曲，向左上方引拍。击球时，前臂内旋配合转腕动作向前下方用力，拍面后仰，在来球下降期摩擦球的中下部，将球送出（如图2-79所示）。

图 2-79　直拍反手慢搓球技术

搓球应注意的问题：

第一，要运用转与不转搓球，转球用拍面摩擦球，不转球用拍面将球托出。

第二，学会用快搓控制对方，不给对方抢攻的机会。

第三，砂板乒乓球旋转较弱，要尽可能选择攻球，不得已时再使用搓球技术。

七、发球

高质量的发球是运动员在比赛中争取主动的有力保证，结合直拍握拍法手腕、手指较横拍灵活，可以用近似同样的动作发出长短快慢不同的球，为比赛的胜利奠定基础。

1. 正手发急长球

动作要领：身体站于球台左侧，左脚稍前、身体略向右倾斜，左手掌心持球置于腹前右侧，右手持拍于身体右侧。抛球后，待球下落时身体从左向右转动，前臂屈，向后上方引拍，引拍动作幅度比较大，手腕放松，球拍自然放平，身体重心置于右脚。待球下落时转腰，大臂带动前臂快速向前挥动。击球瞬间加强手腕敲击的力量，重心从右脚转移到左脚，第一落点要靠近端线。击球后，前臂和手腕随势向前挥动（如图2-80所示）。

图 2-80　直拍正手发急长球

2. 正手发短球

动作要领：身体站于球台左侧，左脚稍前、身体略向右倾斜，左手掌心持球置于腹前右侧，右手持拍于身体右侧。抛球后，待球下落时身体从左向右转动，前臂屈，向后上方引拍，引拍动作幅度比较大，手腕放松，球拍自然下垂，身体重心置于右脚。待球下落时转腰，大臂带动前臂快速向前挥动。击球瞬间加强手腕敲击的力量，重心从右脚转移到左脚，第一落点要靠球网。击球后，前臂和手腕随势向前挥动（如图 2-81 所示）。

图 2-81　直拍正手发短球

3. 正手发左侧上（下）旋球

动作要领：左脚稍前，身体略向右倾斜，左手掌托球置于身体右前方。左手将球向上抛起，同时上体向右后方转动，前臂屈，向后上方引拍，引拍动作幅度较大，身体重心放在右脚。转腰，手腕外展。当球下落与网同高时，手臂迅速向左下方挥动，触球瞬间手腕快速向左上（下）方转动，使球拍从球的中部向左上方摩擦。发左侧上（下）旋球时，手腕快速向左上（下）方转动，使球拍从球的中部向左上（下）方摩擦（如图 2-82 所示）。

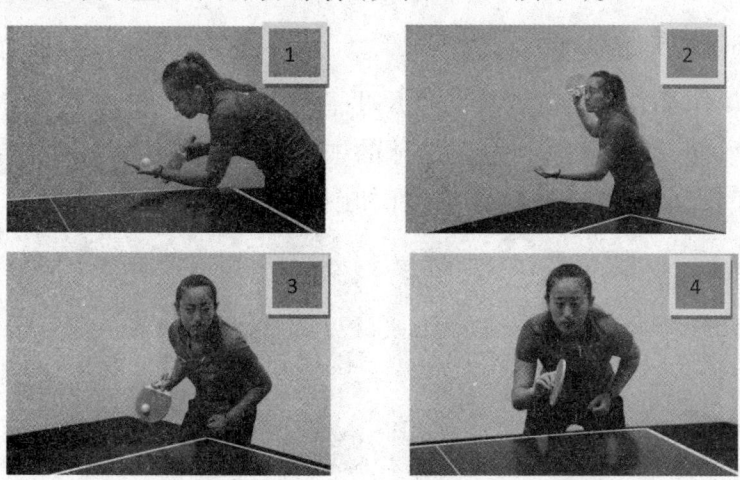

图 2-82　直拍正手发左侧上（下）旋球

4. 反手发急长球

动作要领：左脚稍前，身体略向左倾，左手掌托球置于身体左前方。左手将球向上抛起，同时上体向左后方转动，前臂内旋，球拍后仰，向后上方引拍。转腰的同时大臂带动前臂快速向前下方挥动,以加大拍触球的速度。球从高点下降至基本与网高相同时,前臂加速向前下方发力,同时手腕伸,使球拍推弹球的中部,且不摩擦球,第一落点靠近端线(如图2-83所示)。

图2-83 直拍反手发急长球

5.反手发短球

动作要领:准备姿势与发反手急球相似。不同的是击球时拍形稍后仰,前臂和手腕轻轻击球的中下部。击球点基本与网同高,第一落点应在本方球台的中段(如图2-84所示)。

图2-84 直拍反手发短球

6. 反手发右侧上（下）旋球

动作要领：左脚在前，身体略向左倾，左手掌托球置于身体左前方。左手将球向上抛起，同时上体向左后方转动，前臂内旋，球拍后仰，向后上方引拍。抛球后，持拍手向左下方引拍，拍柄向前，当球下落与网同高时，前臂和手腕同时发力，触球瞬间手腕向右上方转动，使拍从球的中部向右上方摩擦（如图 2-85 所示）。

图 2-85　直拍反手发右侧上（下）旋球

7. 下蹲式发球

（1）下蹲发右侧下旋

动作要领：两脚平行站立或左脚在前、右脚在后，身体略向右偏斜，左手掌托球置于身体右前方。左手将球向上抛，同时两膝弯曲做下蹲姿势，手臂上举高于肩，手腕伸、外展，拍面向右偏斜。球从高点降至基本与网高相同时，前臂加速从左向右前下方挥动，手腕屈、内收，用球拍的正面前端部分接触球的正中部，并向球的右下部摩擦（如图 2-86 所示）。

图 2-86 直拍下蹲发右侧旋球

（2）下蹲发左侧下旋

动作要领：两脚平行站立或左脚在前、右脚在后，身体略向右偏斜，左手掌托球置于身体右前方。左手将球向上抛，同时两膝弯曲做下蹲姿势，手臂上举高于肩，手腕伸、外展，拍面向左偏斜。球从高点降至基本与网高相同时，前臂加速从左向右前下方挥动，手腕屈、内收，用球拍的后面前端部分接触球的正中部，并向球的左下部摩擦（如图 2-87 所示）。

图 2-87 直拍下蹲发左侧旋球

8. 高抛发球

动作要领：站位偏左角，身体侧对球台，右脚在后，两膝微屈，持球手一侧身体与球台距离约 10 厘米。抛球时，持球手、肘都要靠近身体，手持球略高于台面，手腕固定，以前臂发力为主配合膝关节伸展向上抛球。当球抛起后，持拍手臂立即向右侧后上方引拍，手腕也随之外展，腰腹向右侧稍提起，待球落至比网稍高时，开始挥臂击球。拍与球接触的一瞬间，动作和发正手左侧上（下）旋球相同。

发高抛球时，球要抛得高且直，球抛得越高，下降时的加速度越大，拍与球接触时的合力就越大，球落到对方球台拐弯的现象就越明显。球抛得不直，会影响击球动作。为了增大摩擦力，摆臂速度要快，击球时要用球拍的下沿摩擦球（如图 2-88 所示）。

图 2-88 直拍发高抛球技术

发球应注意的问题：

第一，发球一定要严格遵守规划规定。

第二，发旋转、性能不同的球时，动作要尽可能相似，借以迷惑对方，提高发球和发球抢攻的质量。

第三，发球要成龙配套，与自己的打法特点紧密结合。

第三章 砂板乒乓球运动员的体能训练

第一节 砂板体能训练的意义和内容

一、体能训练的重要意义

体能训练是指在运动训练中,运用各种有效的方法和手段,增强练习者的身体能力,发展运动素质,提高身体各器官机体的机能。体能训练是技术和战术训练的基础,通过改善运动员的运动素质,从而保证运动员更好地掌握先进的、复杂的技、战术能力、避免运动中受伤的可能性。培养运动员勇敢顽强、吃苦耐劳的意志品质,不断提高运动成绩。

砂板乒乓球运动无法借助胶皮的作用力,所以运动员必须加大挥拍和运动幅度、增加回击球的力量,而上述的运动能力又来源于身体力量和灵敏等各种训练。由此可见,与胶皮板相比,体能训练是砂板运动极为重要的一个组成部分。高超的技术,依靠良好的身体素质和技能做基础和保障才能发挥得淋漓尽致。

砂板乒乓球体能训练的目的在于,尽可能提高运动员的全面和专项身体素质,提高快速反应能力,增强肌肉力量,提高动作速度以及改善动作的灵活性和协调性,避免运动损伤,以保证技战术的充分发挥。

二、选择体能训练项目和内容的依据

各种运动项目都有其本身的特点,由于特点不同,对体能训练所采用的内容、手段和要求也不同。所以,要确定砂板乒乓球体能训练的项目和内容,必须掌握砂板运动技术本身的特点和运动员生理、心理等特点,认真选择,合理安排。

1. 根据砂板运动的特点进行选择

砂板运动是以单侧发力为主的隔网竞技项目,比赛当中运动量时而大,时而小,但技巧性非常强。它要求速度快(脚步的起动和移动快,击球时手臂的摆速快),动作灵活,击球时有爆发力。因此,就要求有良好的速度素质和力量素质。

2. 根据主要技术动作的特点进行选择

砂板技术动作主要有攻、拉、推、切、削、搓和各种步法移动。要准确的完成好这些动作,就需要有很好的速度、灵敏和耐力素质。而表现在每一次击球动作上,则应包括手臂的屈伸、内旋、外旋的速度和爆发力,手腕的爆发力和灵活性,以及手指的交替用力与放松,手对球的感觉能力等。在脚步移动上,应包括熟练的蹬(蹬地要有力)、起(起动要突然)、动(移动要迅速)、跨(跨步要准确)、停(停要停得稳)和爆发力。在腰腹动作上,速度和力量素质表现在进行击球时左、右转动的速度和爆发力,重心的控制和转换,以及身体能做最大幅度伸展的能力。

3. 结合练习者的生理、心理特点进行选择

应根据人体生长发育的不同时期,有针对性地选择身体训练的内容。少年儿童进行体能训练时,应重点以发展速度、柔韧和灵敏素质为主,逐步发展力量和耐力素质。随着年龄的增长和训练水平的提高,可相应增加力量和耐力素质训练的比例。要以全面身体训练为主,逐步同专项体能训练相结合,随着年龄的增长和全面身体素质的不断提高,逐步增加专项身体素质训练的比例。

三、训练的阶段划分

阶段划分指运动员力量发展的最佳计划,随着现代体育日益平凡的大赛事不断到来,当今的运动员训练阶段划分在不断进行调整。最好的训练阶段划分应包括与生理发展与肌肉能力发展相一致的有次序的力量发展阶段。

1. 奠定基础时期

这个时期运动员的年龄为 8—12 岁,由于其年龄较小,这个时期的训练要集中在灵敏、平衡、协调和速度方面,通过利用自身重量,手握小重量物体等进行单侧和双侧的基础动作和躯干力量练习。

2. 持续训练时期

进入 12—14 岁的运动员,其身体素质步入一个快速发育期,在这一快速成熟的过程当中,进一步促进并保持他们的稳定能力、灵敏和协调能力并在每周的训练当中融入 2~3 次的力量训练,能较好地起到增加肌肉力量的作用。

3. 基本完成期训练

14—18 岁的运动员运动技术与身体发育基本完成,目前这个阶段的训练重点被主要放在力量训练的原动机能力上。要合理安排训练强度、负荷,通过综合训练体系逐渐增加运动员的速度、力量、耐力,这一时期的力量发展将很大程度的决定运动员一生的运动潜力。一年当中需要安排 6~8 个力量发展周期。

4. 竞技保持期训练

这是一个收获的时期,多年的训练在这一时期将收获丰硕的成果。这一时期的运动员竞技水平和体能状况都已经达到了最优化状态。这一时期最大量的训练是在赛场上完成的,相比之下,力量训练会大幅度的减少。这一时期的比赛会非常多,抗阻训练可以降至每 7 ~ 10 天 1 ~ 2 次。这一时期要多注意保持运动员神经系统的反应能力,并将神经系统训练增加到平时的训练当中,要注意力量、技术、战术、心理等多种训练的结合。

第二节 动态热身运动

砂板运动与其他运动一样,运动员在进行练习和比赛前都应进行热身准备活动,一套精心设计的热身运动能够增加骨骼肌血流量,提高体温,增加代谢反应,并增大关节的活动范围,从心理上和身体上使运动员为训练和比赛做好准备。在热身慢跑结束后可以通过以下动作进行动态热身。

一、抱臂

动作要领:身体直立,向前方抬起双臂至肩高,将双臂交叉于体前,双手抱住对侧的肩膀,保持一小会儿,然后将双臂打开,越开越好,使胸肌尽力伸展。如图 3-1 所示。

图 3-1 抱臂动作图解

二、脚跟至脚尖行走

动作要领:身体直立,直腿向前迈步,左脚跟落地。用左手手掌触摸左脚脚尖,随后脚掌快速向前滚动至右脚跟落地。左脚重复以上动作,持续向前走。注意在动作的过程中双腿膝关节不能弯曲。如图 3-2 所示。

图 3-2　脚跟至脚尖行走图解

三、高抬腿走

动作要领：左腿向前跨步,同时保持直立姿势,双手保持身体平衡,将右大腿用力抬向胸部。放下右腿,换另一条腿重复上述动作。如图 3-3 所示。

图 3-3　高抬脚走

四、举手深蹲

动作要领：身体直立,双脚分开与肩同宽,双臂举过头顶,双手向上。身体下蹲成全蹲姿势,双臂伸直并将双手移动到双膝之间。回到开始姿势,双臂举过头顶,并向上伸。如图 3-4 所示。

图 3-4 举手深蹲

五、跨步转髋

动作要领：身体直立，双手放于体侧，原地跨步。向前提左膝至 90°，将左髋部向左转动 90°，然后再向右转动 90°，同时保持躯干正直，放下左腿换右腿提左膝至 90°，将右髋部向右转动 90°，然后再向左转动 90°，反复上述动作。如图 3-5 所示。

图 3-5 跨步转髋

六、单腿站立盘腿

动作要领：左腿向前迈步，右膝尽量向上抬起，同时将膝关节外展，右手放在右膝上，左手放在右脚踝上，将小腿向上提，动作过程中全身保持直立姿势。放下右腿向前迈步同时换另一条腿重复以上动作。如图 3-6 所示。

图 3-6　单腿站立盘腿

七、直立拉伸股四头肌

动作要领：左腿向前迈步，向后抬起右脚，并使身体保持起立姿势，用右手抓住右脚踝，并将脚拉向臀部，放下右腿向前迈步同时换另一条腿重复以上动作。如图 3-7 所示。

图 3-7　直立拉伸股四头肌

八、抱膝弓步走

动作要领：左腿向前一步，向上抬右膝，双手抱右膝于胸前，抱膝右腿下落并向前成弓步同时放开右膝保持上体直立,换另一条腿重复以上动作。如图3-8所示。

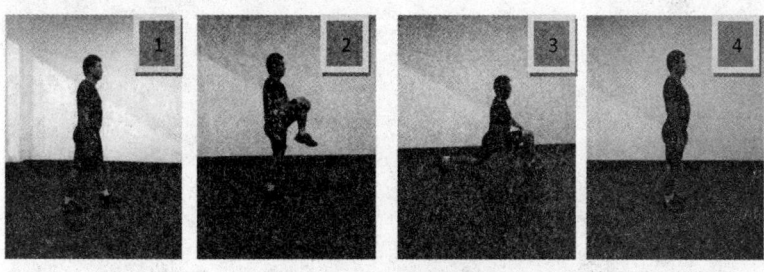

图3-8 抱膝弓步走

九、侧弓步走

动作要领:双臂上举,左腿向左迈步,保持上体正直双手向上。右腿跟上站直两腿并拢。持续迈出左腿重复以上动作,连续5～10个环节后交换方向。如图3-9所示。

图3-9 侧弓步走

十、弓步体转

动作要领:身体直立,左腿向前迈步成左弓步,上体向前保持与地面垂直,双臂平举向左转腰再向前转回,保持双臂平举,右腿向前迈步双腿并拢,继续迈出右腿成右弓步,上体向右转腰再转回。如此反复。如图3-10所示。

图 3-10　弓步体转

第三节　速度和灵敏性训练方法

　　发展灵敏素质的专项训练应考虑运动时的空间因素。换句话说,在一个运动项目中,灵敏素质测试应根据运动空间大小来制定。一位砂板乒乓球运动员只能在球台附近空间跑动。因此,如果超出运动场限制范围或典型的有限空间,灵敏素质训练将失去专项性。专项性在训练中的重要性也不能被夸大。一位进攻型砂板运动员可能被要求进行长时间的不定点击球训练,因此,训练的专项性要求这种训练必须包括稳定与速度。体育比赛中不同场地对身体的影响很重要。训练中的场地表面应与运动员比赛时接近。砂板运动员是在木地板上还是在塑胶场地上进行比赛,他们就该在上述场地进行灵敏训练。

一、灵敏素质的练习手段

灵敏素质是指快速改变身体方向和速度或仅指改变方向的能力。任何一项体育项目都有对运动员灵敏素质的要求。例如:砂板乒乓球运动中左右快速移动的能力和回合当中对来球的应变能力就能清楚地表现出运动员灵敏素质对比赛发挥的重要作用。

在设计灵敏素质训练任务时,首先必须了解身体在进行运动时是如何做出反应的。我们可将灵敏性动作描述为急停—起动作,此种动作需要运动员身体急停后,在最短时间重新起动起来。因此,灵敏素质训练必须针对提高身体的急停—起动能力而设。

此外,因为灵敏素质要考虑运动员在赛场上迅速改变身体的位置,所以,运动员体重会影响其变向能力。惯性定律告诉我们,物体在静止或运动时会保持其原有的运动状态,除非作用在它上面的外力迫使这种运动状态发生改变。

除了上述概念外,还必须了解发生在身体内部为运动提供动力的生化过程。这些过程包括磷酸原、无氧和有氧能量系统,它们提供动力的贡献大小取决于运动的强度和持续的时间。(砂板乒乓球运动是有氧运动。)

二、砂板乒乓球灵敏练习的方法

1. 转髋

目的:发展平衡、髋部灵活性、脚步和侧向速度。

步骤:两腿成开立姿势,右脚跨过左腿迈步。左脚从右腿后移到左侧,右脚移到左腿前侧迈步。如图 3-11 所示。

图 3-11　转髋练习

2. 双腿侧向双足跳

目的：发展爆发力和侧向变向能力

步骤：在 1 米宽的标志区内，运动员按照以下动作步骤进行练习。

站在标志区的左侧准备开始。双腿蹬伸跳向标志区的另一侧，确保跳过标志区。着地后快速跳回原来的位置。连续快速练习 5～10 次（跨越和返回算一次）。

复杂的变换方法在 10 米长 1 米宽的标志区内，运动员应从一侧开始，以之字形单足跳过标志区的长度，两边交替进行。也可以用单腿进行跳跃以增加难度。如图 3-12 所示。

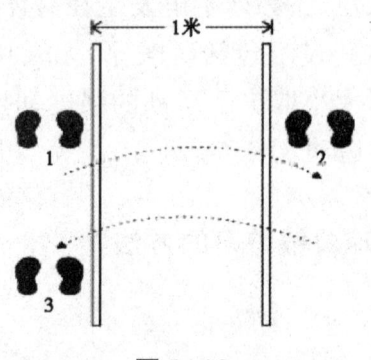

图 3-12

3. 六边形跳

目的：发展变换方向的灵敏素质。

步骤：标出边长为 50 厘米的六边形，运动员应站在六边形的中心，面对指定方向。双脚跳出六边形的每边，既要顺时针跳跃也要逆时针跳跃并进行计时。如图 3-13 所示。

增加难度的变换方法
单脚跳
改变六边形的边长

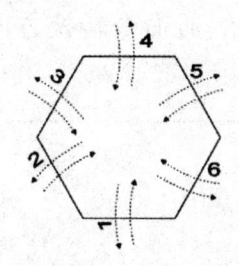

图 3-13　六边形跳

4. 十二米往返滑步

目的：提高灵敏素质和体能。

步骤：两腿成开立姿势站于中线，向右滑步 3 米到右边线，并用一只手触摸这条线；然后再向左滑步 6 米到左边线，并用一只手触摸这条线；然后滑步回到起始线。向前右滑步 3 米回到起始线。如图 3-14 所示。

增加难度的变换方法

运动员可以通过增加重复的组数来提高练习的难度。

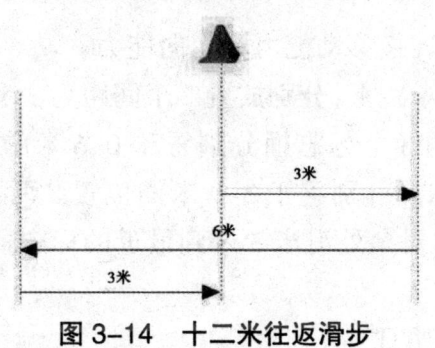

图 3-14　十二米往返滑步

5. 十二米方形跑

目的：提高变向、身体位置、练习间转换和切入能力。

步骤：运动员两腿成开立姿势。跑过 3 米距离到 2 号标志桶，然后快速右切。向右跑过 3 米距离，在 3 号标志桶位置快速切回。

后退3米到4号标志桶,然后快速左切。向左跑回1号标志桶。如图3-15所示。

增加难度的变换方法

以不同准备方向开始,听命令转换方向。

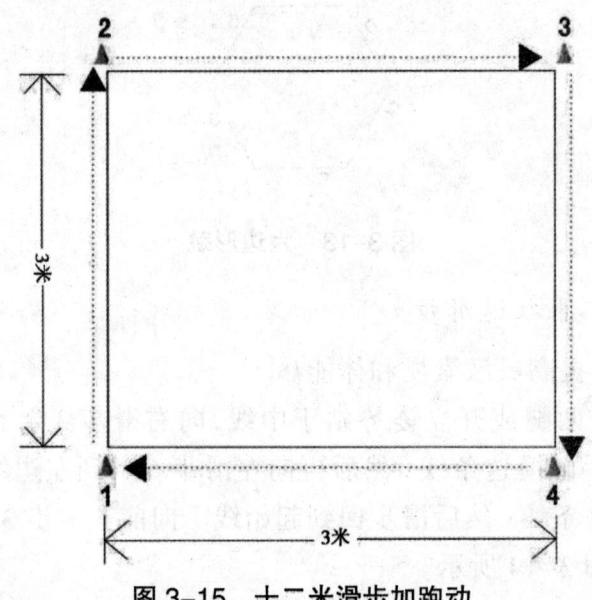

图3-15 十二米滑步加跑动

6.Z字形滑步

目的:提高转换移动能力和变向能力。

步骤:在两条线上,分别放置2个间距为3米的标志桶。即:在第一条线上的3个标志桶分别置于0、6米的位置;在第二条线上的3个标志桶分别置于3、9米的位置。两腿成开立姿势准备面向前方。向对角处滑步3米到最近的标志桶,调整方向再向斜前方滑动。

复杂的变换方式:

以向前或向后的姿势准备,到标志桶时用手心触地。如图3-16所示。

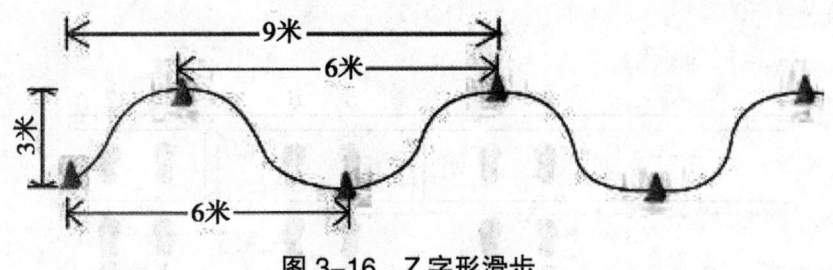

第三章　砂板乒乓球运动员的体能训练

图 3-16　Z 字形滑步

7. 来米奇脚步移动

目的：提高协调性和发展下肢快速动作。

步骤：运动员从绳梯左侧开始。右脚侧向迈步，并置右脚于绳梯第一格内，左脚亦然。右脚侧向迈步，并置右脚于绳梯的右侧，然后置左脚于绳梯第二格内，置右脚于同一格内。左脚侧向迈步并置左脚于绳梯的左侧，然后置右脚于绳梯第三格内。重复以上步骤。如图 3-17 所示。

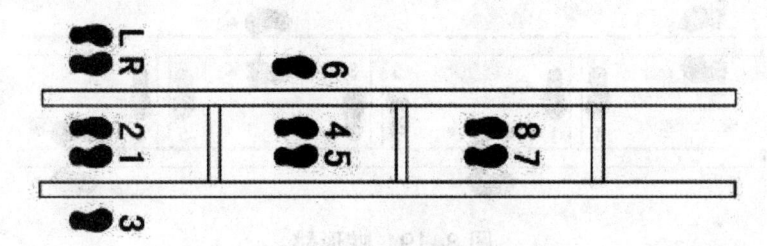

图 3-17　来米奇脚步移动

8. 进—出脚步移动

目的：提高灵敏性、平衡性、协调性。

步骤：运动员两腿成开立姿势，准备。站在绳梯侧面，面对绳梯。左脚向前迈步，置左脚于绳梯第一格内。以相同方法，置右脚于绳梯第一格内。左脚向对角处后退，直至左脚置于绳梯第二格外偏左处。以相同方法，置右脚于绳梯第二格外偏右处。重复以上步骤，直至走完整个绳梯。必须确保每只脚都经过绳梯的方格。如图 3-18 所示。

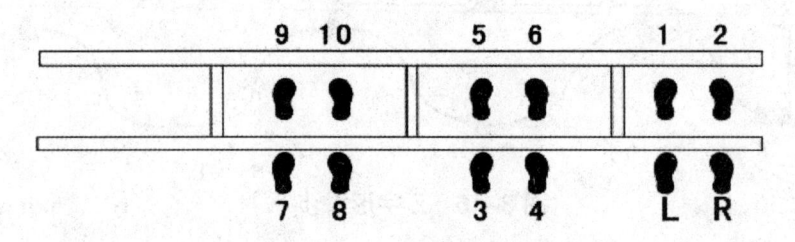

图 3-18 进—出脚步移动

9. 蛇形跳

目的：提高灵敏性、平衡性、协调性、髋部灵活性

步骤：运动员两腿成开立姿势准备。进行一系列的直角转弯跳，并保持两脚一起。跳跃前进方向如图 3-19 所示：正前方、右方、正前方、左方、正前方等等。跳起时必须转髋。

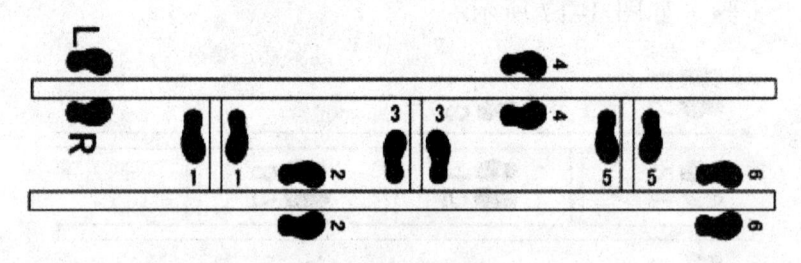

图 3-19 蛇形跳

10. 交叉脚步移动

目的：发展髋部灵活性和力量，提高变向能力。

步骤：运动员站在绳梯左侧。左脚交叉，越过右脚，跨进绳梯第一格内。右脚侧向迈步，置于绳梯右侧，右脚交叉跨进绳梯第二格内。左脚侧向迈步，置于绳梯左侧。重复以上步骤，直至走完整个绳梯。如图 3-20 所示。

提示：任何时候，只有一只脚置于绳梯方格内。

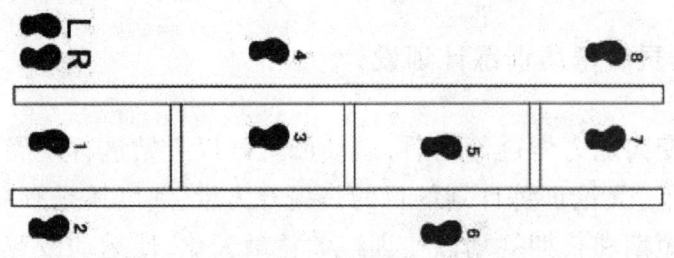

图 3-20　交叉脚步移动

11. 象限跳加跳台阶

目的：发展踝关节、髋关节灵活性和下肢爆发力。

步骤：运动员站在障碍物中间，双腿同时向左跳出左侧障碍、双腿同时跳回；双腿同时向右跳出右侧障碍、双腿同时跳回；双腿同时向前跳出前方障碍、侧身小跳、跳上台阶。重复以上步骤。如图 3-21 所示。

图 3-21　象限跳加跳台阶

三、灵敏素质训练计划设计

对变向能力做过诊断后，运动员就可以开始进行发展变向能力训练了。无论训练计划的目的是提升力量、速度还是有氧耐力，都需要短期和长期规划以使训练效益最大化，使运动疲劳和操作最小化。这就需要对运动员的训练计划科学化设计。这些变量包括在一定阶段内的练习手段的选择、练习顺序、频次、强度、训练量和休息时间。不管如何，可以参考那些已在实践中取得效果的控制因素，当然是以这些研究结果的有效性为前提的，如下表3-1所示。

表3-1 灵敏素质训练计划设计中考虑的因素

训练计划中的因素	实施指南
练习手段的选择	考虑实际因素 动作模式 比赛当中实际跑动的距离
练习顺序	新手运动员：由简单至复杂 高水平运动员：由简单至复杂，从低强度的复杂练习开始
频次	每周2～3次 根据运动员的状态适当增加或减少
强度	最大强度或接近最大强度
练习量	5次（根据运动员个体准备程度） 新手运动员每次练习5～10组 高水平运动员每次练习5～25组
休息时间	练习和休息的时间比为1：4至1：20 根据运动员的练习状态和练习的复杂程度进行相应调整

1. 练习手段的选择

选择练习手段应根据运动员可能遇到的比赛情况来决定。这些练习手段不仅包括变向练习内容，而且考虑到砂板乒乓球运动员在场上的跑动距离。同样的练习手段也可能适用于其他运动项目。因此，灵敏素质练习手段的选择既要考虑运动项目本身的特点，还要考虑比赛中不同打法的要求。选择练习手段时还应考虑运动员的初始练习水平。在接受复杂训练前,一位新运动员或低水平运动员可能需要一系列初始的基本练习以适应训练计划的要求。

2. 练习顺序

在一个训练期内,灵敏素质训练的练习顺序主要取决于运动员的训练水平。总的来说,新手运动员可由简单的练习过渡到复杂的练习。这样他就可以逐渐熟悉变向训练任务所要求的动作模式和身体特点。高水平运动员可以使用与新手相同的练习顺序,把低复杂性的练习作为热身,为后面过渡到高复杂性练习做好准备。高水平运动员也可以在一开始就直接进入复杂练习训练,但是需先完成低强度的重复训练,再过渡到强度重复训练。

3. 频次

频次是指在单位时间内练习的次数。每周2次变向能力训练,练习4周就产生训练效果。有相关研究指出,最常见的训练频次为每周2~3次。这些训练计划的持续时间从6~14周不等,其中以8~10周最为普遍。无论如何,为了提高灵敏素质,一个灵敏素质训练计划的频次必须保持每周2~3次,并持续数周。

4. 强度

强度的实质定义是在练习中身体所付出的努力程度,在其他训练中通常把强度规定为训练参数最大值的百分比。例如:阻力练习强度通常被量化为一次最大重复次数重量的百分比,在有氧训练中则被量化为最大心率百分比或最大摄氧量百分比。但灵敏素质训练并不使用在阻力训练和有氧训练中的参数来定义其强度。在灵敏素质训练中,我们要求运动员以最大或接近最大的努力和速度进行练习来发展自己的灵敏能力,即强度不变。

5. 练习量

因为灵敏素质练习中的强度不发生改变,所以练习量必须成为可以操控的变量,从而调节训练计划的难度。练习量代表着一个训练课内的练习总量。可以通过累加每个练习的量来计算练习量。一个重复次数就算完成一个练习。如果运动员重复做5组绳梯练习和5组标志桶练习,他的练习量就是10次练习。为了增加练习量,运动员可以在一个训练课中增加每个练习的重复次数,或者增加练习的次数。

目前,文献发中没有找到关于达到最佳训练效果的最佳练习量的研究成果,一般认为5个练习完成5~25次就算达到了。

6. 休息

在每组练习和每项练习之间都应有休息时间,从而使运动员保持正确的动作姿势保证技术正确。1∶4~1∶6的练习和休息时间比是适宜的恢复时间。例如,一项连续15秒的练习可以提供1~2分钟的休息时间。根据运动员的现有体能水平和灵敏素质的复杂性,可以对休息时间进行调整。体能差的运动员可能需要更长的休息时间。

7. 训练计划的结构

一个普通的灵敏素质训练计划的结构与其他训练计划模式相似,包括一般热身、专项热身、主要训练课和放松活动。一般热身包括大肌肉群参与低强度练习(慢跑),增加身体核心区域温度,为训练做准备。专项热身也是准备练习,但更接近于专项化训练目标。在此阶段,可先进行一些低强度的灵敏素质练习为主要训练课的变向练习任务做好准备。低负荷练习的放松活动可以被视为相反过程的热身活动,其目的是逐渐让身体恢复到训练前的状态。

第四节 抗阻训练的基本概念及方法

抗阻训练是一种常见的训练形式,其作用是通过有计划的完成有阻力的各项肌肉练习来提高运动成绩。砂板乒乓球项目的

第三章　砂板乒乓球运动员的体能训练

运动员由于器械原因需要更多的抗阻训练来提高自己的力量,从而为赢得比赛打下坚实的基础。

一、抗阻训练计划如何制定

最有效的抗阻训练计划应满足训练者各人的需求。结合砂板乒乓球项目的特点所制定的训练计划是最为有效的,它根据项目运动员的身心特点,具体解决以下问题。

所进行的训练内容与训练强度是否会引起运动员的健康问题或伤病,运动员训练时的身体状况是否会影响训练的效果。在运动员没有完全康复之前,如何制定其特定的力量计划。

体能教练需要提前了解队内人员的身体情况,针对什么样的运动员、通过什么样的训练手段、用什么样的重量来进行练习,从而能更好地为每个人制定个人的训练计划。

留给力量训练的时间是多少,每一次的体能训练是否都会有足够的时间来进行全部的热身、训练与放松,每周可以有几天进行体能训练。

所有大肌群都要得到训练,但是可以根据每一个运动员的优势和不足以及砂板乒乓球专项的需要而有所侧重。但在设计训练计划时至关重要的一点就是主动肌和拮抗肌群的肌力保持相对平衡。因此选择训练手段要全面发展所有肌群的力量。

肌肉收缩方式包括向心收缩、离心收缩、等长收缩等。让运动员定期练习特定的肌肉收缩方式的动作模式,产生特定的适应性反应,提高专项能力。

抗阻训练计划中的七要素包括:练习手段的选择,练习顺序和训练单元的结构,训练强度,训练量,间歇时间,重复动作的速度,训练频次。

二、量和强度的关系

强度是一个经常用来表达抗阻训练过程中负载的负荷重量。

训练强度更大程度上取决于其他要求,如训练顺序、训练量、训练频次、重复速度、间歇时间等。

量指重复次数与运动强度之间存在着一种反比关系,下表展示了训练强度与重复次数之间的关系。一般来说,高强度和重复次数少有利于提高绝对力量增大肌肉维度。重复次数的增多和训练强度的降低,主要是增加肌肉耐力,如下表3-2所示。

表3-2 训练强度与重复次数关系表

训练目标	2	3	4	5	6	7	8	9	10	11	12	13	14	15	16	17	18	19	20
	力量 力量 力量 力量																	
	增肌 增肌 增肌 增肌																	
	肌肉耐力 肌肉耐力 肌肉耐力 肌肉耐力																	

三、一次力量训练的组成

运动员应制定一项有关训练内容的计划,结合比赛时间,每次砂板力量训练的时间不应超过60分钟。力求高质量完成,强调如下的目标。

热身:时间5~7分钟,以动力性拉伸为主,从而提高身体的稳定性并预防运动损伤。

速度力量:通过低负重和高速度收缩来增加神经反应速度,包括低负重的跳和投等。组数2~4组,每组的组内动作重复次数是1~20次。强度:0.5~10千克的器械,1%~80%RM,每周练习次数1~4次,根据重视程度而定。

爆发力:少量增加抵抗力,将很大幅度地增加收缩时间,但是在完成这些动作时,会持续促进运动单位的动员。组数:2~5组每次,组内重复次数1~10次。强度:10千克以上器械20%~80%RM。每周练习1~3次。

增肌力量训练,将考验运动员的力量水平,进一步增加收缩时间,促进运动单位的动员。组数:每次练习2~5组,强度:60%~80%RM。练习次数:1~3组。

恢复：应该安排在练习后10分钟内进行。在每组练习后进行的促进恢复的方法,应该是被动和主动性的相结合。

四、发展力量的训练方法

1. 实心球对墙扔球(正反手)

类别：离心－全身－旋转抛掷。

目的：训练,改善发展动作的连贯性,横向的运动平面上的旋转发力。

起始动作：正确姿势,躯干挺直,肩关节后伸下沉,收腹,保持髋关节稳定、准备姿势站立,双腿分立比肩略宽,离墙1～1.5米,左/右脚靠近墙站立(模仿砂板站位姿势),双手执球,球重2千克,整组动作保持正确稳定的姿势。

过程：将球向后足方向移动,同时重心足。重心前移,将球抛向墙面,注意发力次序为脚、髋、躯干、臂。爆发性发力。如图3-22所示。

动作要领：正确姿势,发力要从下肢开始,通过髋,在出手之前,髋和肩之间形成强有力的拉伸。

训练水平：

初级：与墙面保持垂直,距离墙一步远,利用核心力量抛球,球重2千克1～2组/次,5～10次/组,1～2次/周,在球落地弹起后接球,进行下一个重复动作。

中级：与墙面保持垂直,球不落地完成连续的抛接动作2～4组/次,6～12次/组,球重3～4千克,2次/周。

高级：与墙面保持垂直,球不落地完成连续的抛接动作2～4组/次,6～12次/组,球重3～5千克,2次/周。

图 3-22　实心球正反手对墙扔球

2. 拉力带抗阻（持拍手正反手单侧）

类别：力量训练—上下肢—核心稳定性。

目的：增强旋转力量，发展爆发性的动作能力。

起始姿势：正确姿势、双腿成准备姿势站位，右足靠近器械，双足开立略宽于髋关节，髋部下沉至半蹲位，肩转向器械方向，单臂放松拉住拉力带。

过程：拉手柄至胸前，旋转上身至背对器械，始终保持缆绳位于臂下，直至右臂充分向前拉伸，手大至平前额高度。拉力带应从器械沿直线拉开，动作是平衡而连贯的。如同正反手挥拍动作。如图 3-23 所示。

动作要领：挺胸，肩后伸，臀部发力，以左脚为轴髋关节外旋，爆发性动作。

训练水平：

初级：小强度练习，直到动作正确，将动作分解为四部分完成，起始姿势，拉手柄至胸前，旋转动作，双臂伸直。

中级：增加强度，动作连贯。

高级：爆发性动作，高强度，闭眼以改善本体感觉功能。

第三章 砂板乒乓球运动员的体能训练

图 3-23 拉力带正反手单侧抗阻训练图解

3. 哑铃交替长凳推

类别：力量—上肢。

目的：发展胸部肌肉力量。

起始姿势：仰卧于长凳上，双手持哑铃，双臂在胸前伸直，手心朝向双脚方向，腹部收缩，双脚着地。

过程：慢速放下一支哑铃至胸的高度，再举至原来高度，然后放下另一支哑铃。一侧手臂做动作时，保持另一侧手臂伸直不动。如图 3-24 所示。

动作要领：放下哑铃动作要慢，腹部收缩，不做动作的手臂保持不动，肘关节强直，足跟着地。

训练水平：

初级：凳上，小强度，动作放慢直到动作正确。1～2 组/次，6～10 次/组，4.5～7 千克，1～2 次/周。

中级：凳上，增加强度，举起时动作速度加快。2～4 组/次，8～12 次/组，9～13.5 千克，2～3 次/周。

高级：在瑞士球上完成动作，臀不后翘，躯干收紧，生理球垫在上背部，2～4 组/次，8～12 次/组，9～13.5 千克，2～3 次/周。

图 3-24　哑铃交替长凳推图解

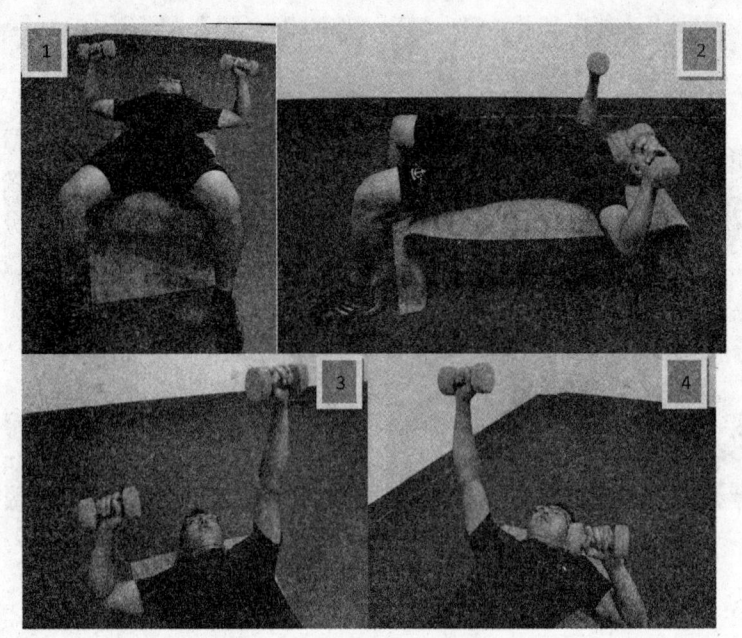

4. 哑铃单臂、单腿划桨

类别：力量—躯干和上肢。

目的：发展核心稳定性和上背部力量。

起始姿势：右手持铃，髋关节屈，直至躯干与地面平行，右膝微屈，左臂支撑于体前的稳定平面上，左腿后伸，臀肌收缩。保持髋与地平行。通过躯干收紧来保持背部平坦和良好的姿势。哑铃垂于右肩下方。如图 3-25 所示。

过程：肩胛骨后收，提哑铃至腰部，保持肘关节 90°，并紧靠身体，始终保持良好的姿势和平坦的背部，下放哑铃至起始姿势并重复。

动作要领：保持背部平坦，躯干收紧，用菱形肌和背阔肌的力量提起哑铃，而不是用斜方肌、臀肌收缩。

训练水平：

初级：小强度，腿抬至能保持姿势的高度。1～2 组/次，6～10 次/组，4.5～7 千克，1～2 次/周。

中级：增加强度，腿继续抬高，保持姿势。2～4组/次，8～12次/组，9～13.5千克，2～3次/周。

高级：增加强度，踝关节负重以发展臀肌力量，脚踩平衡垫以改善踝关节平衡能力。闭眼以改善本体感觉功能，2～4组/次，8～12次/组，9～13.5千克，2～3次/周。

图3-25 哑铃单臂、单腿划桨动作图解

5. 平等蹲

类别：力量—下肢。

目的：发展髋和腿的稳定性，平衡能力和力量。

起始动作：右足站立，移动左足至木箱或长凳以外。

过程：保持正确姿势，髋向后向下，完成单腿蹲后回到起始动作。按要求重复并换腿。如图3-26所示。

动作要领：保持姿势，首先下蹲，下蹲同时举臂，全脚要与箱接触。

训练水平：

初级：利用稳定的扶手维持平衡和助力。

中级：在更大的范围内完成全身重量支撑。

高级：尽力深蹲，同时持哑铃完成动作。

更高级：脚踩软垫完成动作。

图 3-26　平等蹲动作图解

6. 杠铃深蹲

类别：力量—蹲。

目的：发展髋部和躯干部的机动能力，稳定性。

起始姿势：正确姿势，杠铃放在斜方肌和肩上，双手握杠，双手距离略宽于肩头，挺胸，腹肌收紧，双脚距离略宽于髋，身体重心伴于脚心稍后。双目平视前方。

动作过程：头纵轴与躯干纵轴保持重合，挺胸，吸气，腹肌收紧，动作起始于髋后移和下降，保持膝关节位于脚趾后方，重心位于足心稍后，下蹲至膝关节成90°，脚下发力，力量经过腿，髋和胸至杠，将杠铃挺起。如图3-27所示。

图 3-27　杠铃深蹲动作图解

动作要领：躯干收紧，头位于中线，腹肌收紧，髋后移，重心位于足心稍后，全关节范围，站稳。

训练水平：

初级：身体重量或很小的阻力 2～4 组／次，5～20 次／组，2 次／周。

中级／高级：逐渐增加强度，1～2 次／周。

7. 直腿硬拉（罗马尼亚硬拉）

类别：力量—腰背、臀部肌群、大腿后侧肌群。

目的：发展髋部肌肉，腘绳肌，上背部和下背部的机动能力，稳定性和力量。

起始姿势：收腹，双侧肩胛向中线靠拢，双足与髋同宽，重心位于足心稍后，双手持杠铃与小腹高度。

动作过程：保持背部平坦，挺胸塌腰，肩胛后收，微屈膝，同时体前屈，垂直下放杠铃，在能保持塌的情况下尽量放低杠铃，再将杠铃拉回原位。如图 3-28 所示。

动作要领：挺胸，平背，塌腰，重心位于足心稍后，垂直下放和上提杠铃。上提杠铃时，臀肌和腘绳肌一同发力。

训练水平：

初级：以掌握动作技巧为主要目的，小强度，2～5 组／次，10～15 次／组，直到动作正确熟练。

中级／高级：使用杠铃，逐渐增加重量。每周 1～2 次。

图 3-28 直腿硬拉（罗马尼亚硬拉）动作图解

第五节 平衡与稳定性训练

平衡能力与关节稳定性训练已经被公认为对康复和竞技体育运动中的运动感觉功能有着重要的作用。这方面训练工作已经被越来越多的运动员和教练员认可。特别是关注他们对感知运动系统所产生的急性效应和慢性效应。

对平衡能力与关节稳定性训练的适应最初会很快出现。与其他训练模式相似,取得成效的速度会随着训练的进程而降低。由此平衡能力与关节稳定性训练应贯穿整个赛季,使神经肌肉功能保持较高水平。具体措施如下:

平衡能力训练计划应当至少持续4周。

运动员应当在整个赛季都要持续进行训练,以保持取得的成效。

为了保持已经取得的神经肌肉功能,每周至少应当进行3次练习。

每种练习至少一组,这样会产生快速的适应。这些练习需要更多的训练课。

虽然建议运动员进行一组以上的练习,但资料中未提到练习组数的上限。

要获得长期适应效应每组至少需要重复进行4次练习。

每个练习应当至少持续20秒。

一、平衡能力练习的安全进度

对平衡与关节稳定性训练的主要目的是避免潜在的危险动作发生,这些危险动作取决于运动员的准备情况以及受损组织的康复情况。对于关节稳定性差或受伤可能性比较大的关节,练习的幅度和范围应当逐渐增加。对大多数关节而言,最大活动范围的练习通常很容易导致受伤,因为肌肉力量和神经肌肉控制能力都减弱了。例如：在双臂向外伸展的同时肩部向外旋转，或踝关节过度外翻等动作当中，肩关节和踝关节都处于相对不稳定状态，很容易受伤。

运动的速度与动作的速度应当逐渐增大，以便很好的控制关节的稳定性。如果对一个动作不熟悉、过早、过大用力会导致对动作推动控制。例如，当以几乎静止和起立的姿势坐在瑞士球上做躯干稳定性练习时，如果体能教练所施加的额外动作太快，则有可能会发生危险。这会导致腹肌无效的反射性稳定和危险的运动幅度产生。

在预防运动操作的训练计划中，动作的速度应当逐渐地向专项运动速度推进，从而在该项目所特有的快速运动过程中保持关节的稳定性。例如，投掷项目运动员的肩关节稳定性练习应当逐渐地向更具爆发性的姿势运动，使神经肌肉组织产生适应，从而在以直立姿势投掷的过程中和完成投掷时使关节相应地保持稳定。除了逐步提高动作速度外，运动员还应当针对离心收缩肌力和爆发力进行训练，让关节的软组织和肌肉韧带部位能够承受更大的压力。

二、关节系统的训练

在制定平衡能力与功能性关节稳定性训练时，按照本节所提供的训练原则，就可以选择合适的练习项目和训练量。由于各个关节系统在训练当中通常会承受压力，因此应当考虑一些具体的细节。

1. 躯干与核心部位

人体躯干由脊椎、骨盆、髋部、腹部和胸腔组成。躯干是人体最重要的系统之一，能够维持人们的日常生活，实现体育运动中的规定动作。对于运动员来说，协调对脊柱起稳定作用的各个肌肉有利于提高腰部损伤治疗效果。力量与平衡能力相结合的训练指在恢复适当的躯干力量和稳定性。对背部损伤的患者而言，躯干肌群主要问题有以下几点。

躯干的位置感和重新定位感下降。

稳定肌肉的反应慢。

躯干肌群在快速支撑运动中预激活减弱或消失,导致下背疼痛。

在快速和爆发性运动中躯干肌群难以获得参与。

身体摇摆加剧。

（1）训练方法指导

在躯干的功能性关节稳定性与平衡能力训练时,应采用需要躯干肌肉反射性稳定的四肢运动。这些运动可以是预先设计的,也可以是自发性的。在进行预定动作时,反射性预备—反应会得到训练。这一点在日常运动以及具体运动项目的特定动作技能当中尤为重要。另外,难以预料的动作则对躯干的预备性反射式稳定提出了要求,还有助于防止在外力下受伤。

可以通过两种方法来施加干扰动作。一种方法是站立在不稳定的平台上,使动作能够传递到骨盆和躯干,并需要做出补偿性动作以便有效地维持身体的平衡。练习中下肢可以采用双腿伸直或跪姿。另一种是,通过伸展的上肢将士气动作传递给躯干。手臂基本上应当完全伸展,以避免屈肘动作的幅度。

砂板乒乓球运动的干扰动作可以通过上肢来传递,而给躯干稳定性造成压力。在安排下一阶段的训练时,可以将这两种方法相结合,使下肢和上肢分别做出非预见性动作。应当根据运动员的需要选择手部和腿部运动。运动员在做克服重力的运动时要保持躯干稳定。

（2）练习方法

在躯干稳定性练习中,必须特别注意躯干肌群的参与,它会提高上半身的稳定性和肌肉应激能力。实际上,躯干稳定性练习的三个基本理念是:从腿到躯干,从手到躯干,腿和手的组合到躯干。

①跪在瑞士球上保持平衡

运动员背部保持挺直,髋向前,眼直视前方。变化姿势,双手叉腰或向外伸展，根据运动员能力保持平衡。在使用其他平衡板和直膝站立练习时遵循同样的原则。能力较强的运动员可练习瑞士球上推实心球。如图3-29所示。

图3-29 瑞士球平衡动作图解

②瑞士球侧推

运动员双脚分开站立与髋同宽，自然站立膝关节放松，保持稳定的姿势，转动躯干将球顶住墙壁。当球接触墙壁后，双肘保持静止，使作用力传递到躯干。运动员尽力等速移动。如图3-30所示。

图3-30 瑞士球侧推动作图解

③平衡垫屈膝举哑铃

运动员双腿站立在一只平衡盘上，双膝微屈，双手握住哑铃手臂伸直。腿和手臂伸直，让作用力传递到腿和手臂。如图3-31所示。

图 3-31　平衡垫屈膝举哑铃

2. 膝关节

膝关节是比较重要的关节,其主要运动是绕双腿的冠状轴做旋转,从而产生屈伸动作。在运动的过程中如果前后移动超出了其功能范围,就可能会造成关月板或韧带的损伤。在某些情况下,会导致韧带的松弛,甚至部分或全部断裂。这在韧带受伤后的康复过程中尤其值得注意,因此这类冲击性作用力能够损伤正在恢复当中的韧带,尤其是交叉韧带。因此,在康复过程中,多选择一些封闭式运动力学链练习手段。

膝关节的功能稳定性训练计划应当从只对屈肌和伸肌动作产生稳定作用的简单练习开始。膝关节前后平移的力量应当以最小幅度慢慢施加,以便对膝关节产生尽可能小的压力。这种前后平移不应当对身体主要部位的反应和保持平衡的环节产生压力。在进行这些练习的过程中,应当避免过度的膝部外翻动作。在适应这些动作之后,可以练习旋转动作。在练习这些动作的过程中,各种膝关节的不良现象都可能发生。这些动作对神经肌肉功能受损后的康复训练尤其有帮助。

(1) 向前跳跃后单腿落在平衡垫上

运动员开始时面向平衡垫,然后向前跳跃,单腿落在平衡垫上。运动员可以向各个不同的方向跳跃,增加特定方向的关节或身体动作环节的负荷。可以采用向后跳跃或斜向跳跃。在腾空过程中进行不同程度的团体,这是一种根据运动专项动作技术增加训练强度的有效办法。如图3-32所示。

图3-32 向前跳跃后单腿落在平衡垫上

（2）膝关节节奏性稳定练习

节奏性稳定练习可以在行走或跑动过程中，一只脚后摆时用手、绳索或拉力带来进行练习。在脚部后摆过程中，可以在不同的腿部位置以相同的方式来施加干扰动作。此外，运动员应当采用缓慢的动作并模拟行走或跑步过程中脚部后摆的动作，由此而逐渐发展为动态的腿部动作练习。如图3-33所示。

图3-33 膝关节节奏稳定性练习

3. 踝关节与脚

人体的脚部和踝关节是一套相互影响的复杂骨骼，并且连接成为一个多关节系统，作为一个功能性单元而协同工作。脚和踝关节是垂直运动过程中首先与地面接触的部位，它们要承受几乎整个身体的重量，外加落地时产生的惯性力。脚和踝关节功能的正常发挥可以吸收落地过程中的强大冲击力，并减少身体的其他韧带组织和关节所承受的负荷。踝关节和脚的旋转轴能够实现各种功能,因而可以让脚适应地面的形状。不同的关节系统有其特有的旋转轴,这些旋转轴在功能性关节稳定训练中起着重要的作用。

如果脚和踝关节功能正常的话,脚部的开头会表现为特有的足弓,分为内侧纵弓、外侧纵弓和横弓,它们是由特定的骨骼和关节结构以及肌肉系统和结缔组织来支撑的。这些足弓会受到训练、疲劳、操作或疾病的影响。它们的作用是充当触地时的缓冲器,尤其是在跑步的初始支撑阶段以及砂板乒乓球项目中的跨步或其他迫使脚和踝关节内翻和向内旋转的动作当中。如图3-34所示。

图3-34 踝关节与脚练习

注意,可以通过改变平衡垫的硬度来增加难度。

4. 肩部

上肢肩带关节是一个复杂得多的关节系统,其基本结构可实现高度的灵活性,从而对关节的稳定性形成挑战。但砂板运动的几乎所有动作都需要肩关节及周边肌肉和韧带的参与,因此肩关节的稳定性显得非常重要。

练习

主要有两组不同的上肢稳定性练习:闭合链练习和开放链练习。在链练习中,肩关节肌群的协同激活度很高,从而在动态练习中实现良好的稳定性。

练习方法：手部到手部之间的重量传递。

运动员可以支撑墙壁、长椅或地面。运动员分别用一只手向内支撑身体，使重心从一只手臂转移到另一只手臂，如此反复。练习也可以采用站立姿势来进行。当运动员采用水平俯卧体位时，压力会增大。为了增加额外的压力，可以使用小练习球或者由一名同伴来施加破坏稳定的动作。如图3-35所示。

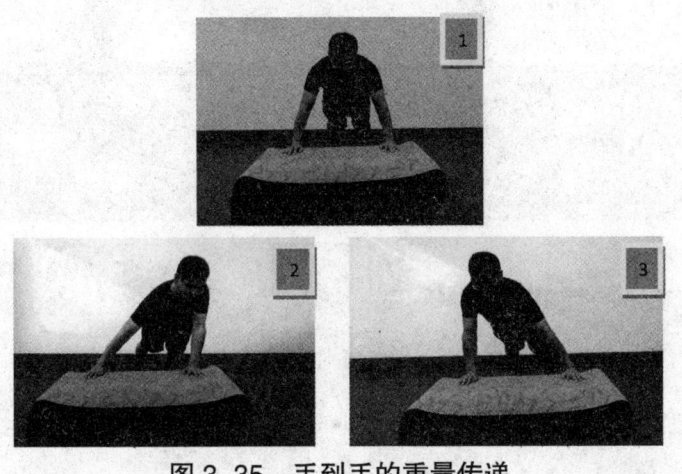

图3-35 手到手的重量传递

第六节 放松

砂板乒乓球运动由于发力比普通乒乓球大，放松就显得更加重要，放松一般在训练或比赛后的10~30分钟内完成。对运动员进行下肢、躯干和上肢的静力性牵拉，把所有剧烈活动后的肌肉都合理放松，尽可能减少或避免延迟性肌肉酸痛的产生，同时有利于积极性恢复。

一、坐姿股四头肌拉伸

目的：拉伸股四头肌。

步骤：运动员双腿并拢坐于地面，保持一条腿伸直脚尖勾起，另一条腿从外侧折叠后脚踝贴于臀侧。通过调节身体向前或向后的幅度来增加牵拉的程度。

注意：应尽量避免弯曲的腿膝关节抬起。可以找同伴把膝关节压住，也可以用另一只脚压住拉伸腿的膝关节起到牵拉的最佳效果，10～15秒。如图3-36所示。

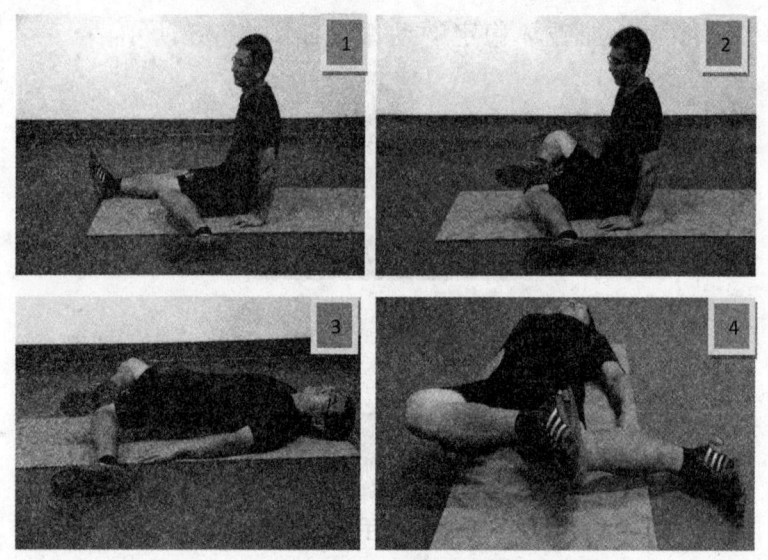

图3-36 坐姿股四头肌拉伸动作图解

二、跪姿股四头肌拉伸

目的：拉伸股四头肌。

步骤：运动员左腿弓步，右腿单膝置于体后，右手用力拉住右脚脚踝向臀部发力拉起，上身保持垂直于地面。如图3-37所示。

注意：应尽可能避免身体摇晃，将拉起的脚尽量靠近臀部。可以改变落地膝关节与前方支撑脚之间的距离来改变牵拉的效果。

图 3-37　跪姿股四头肌拉伸

三、平躺股二头肌拉伸

目的：拉伸股二头肌。

步骤：运动员平躺于地面，右腿屈膝，逐渐抬起右腿，双手交叉使右腿大腿和地面垂直。根据运动员自身的柔韧能力逐渐伸直右膝，到最大拉伸程度时控制 10～15 秒，放松 10～15 秒持续伸膝。2～3 次后换腿。如图 3-38 所示。

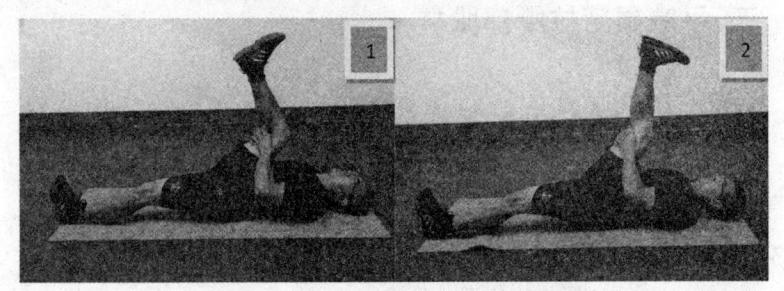

图 3-38　平躺股二头肌拉伸

四、坐姿双腿分开拉腰

目的：拉伸腰部肌群。

步骤：双腿直腿分开坐于地面，上身挺直，右侧腿收回使脚踝尽量贴于大腿内侧，右侧手臂向上伸直，腰部向左脚方向侧屈。根据运动员自身的柔韧能力逐渐侧屈到极限，坚持 10～15 秒，体会被拉伸一侧腰部后下方的牵拉。如图 3-39 所示。

注意：被拉开的腿尽可能保持膝关节伸直。

图 3-39　坐姿双腿分开拉腰

五、平躺屈膝拉腰部肌群

目的：拉伸腰部肌群。

步骤：运动员平躺于地面，双膝抬起弯曲成 90°，双臂展开使肩关节贴于地面，双膝靠近。膝关节向左或向右触及地面。如图 3-40 所示。

注意：尽可能保持肩部紧贴地面。

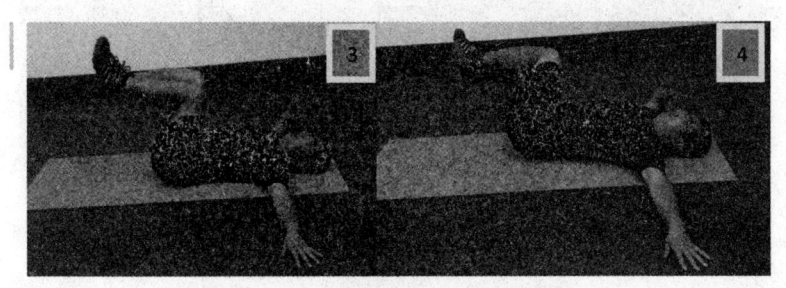

图 3-40　平躺屈膝拉腰部肌群

六、跪姿牵拉腰背部肌群

目的：牵拉腰背部肌群。

步骤：运动员跪姿于地面，双手向前伸展触地，左手向右手移动、右手再置于左手左侧，配合呼吸腰向右侧牵拉。如图 3-41 所示。

注意：体会配合呼吸牵拉腰、背侧肌。

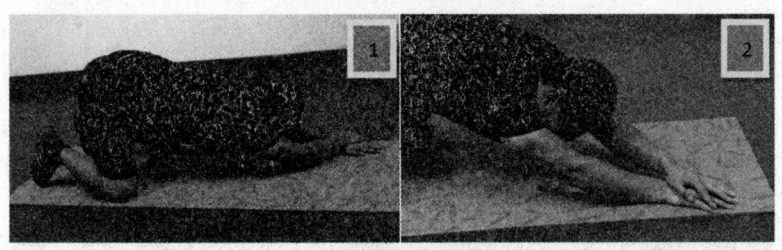

图 3-41　跪姿牵拉腰背部肌群

七、跪姿牵拉三角肌

目的：牵拉三角肌。

步骤：运动员跪姿于地面，右臂向左伸直手心向上，身体重心压下，拉伸三角肌。

注意：调整手臂的方向拉伸三角肌的不同肌束。如图 3-42 所示。

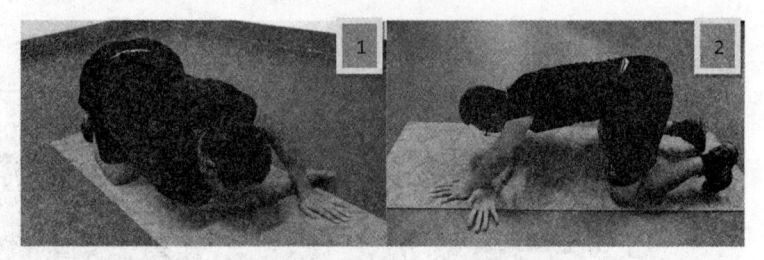

图 3-42　跪姿牵拉三角肌

八、站姿势牵拉肱三头肌

目的：牵拉肱三头肌。

步骤：运动员站于地面，双脚分开与肩同宽，手臂侧平举，肘关节折叠、前臂置于头后，另一只手从头上拉住被放松侧肘关节进行牵拉。如图 3-43 所示。

注意：柔韧性较好的运动员如果牵拉效果差可以通过腰部侧屈实现牵拉效果。

图 3-43　站姿势牵拉肱三头肌

第四章　砂板运动员的心理训练

第一节　心理训练的重要意义与表现形式

一、心理训练的重要意义

　　心理训练是一项不可或缺的训练手段,它的出现已为运动训练开拓了新的领域。在当前竞争激烈的比赛中,哪些心理因素会引起运动员过分紧张,而导致技、战术不能正确发挥甚至于严重失常。如何预防、控制、调节可能或已经出现的消极因素,使运动员发挥出最佳的经济状态,已成为教练员们极为关注的课题。

　　现代科学研究证明,人的活动潜力在于体力、技术和心理因素的有机结合。运动员无论是支配体力,还是运用技术和执行战术计划,都是在心理活动的调节和支配下进行的。因此,心理因素在不同程度上,直接影响技术和战术的充分发挥。在体力相当,技术和战术水平接近的大型比赛中,谁胜谁负,往往取决于在心理因素支配下的竞技状态;取决于能否最大限度地动员人体各方面的积极因素,使运动员精力充沛、情绪稳定、信心百倍的投入比赛。

　　每个人生来都具有产生心理活动的生理条件,但这种生理条件因人而异,由于每个人的生活环境、社会经历等的不同,在心理品质和心理反应形式上,存在着个性差异。一名优秀的砂板乒乓球运动员,不仅需要运动员必不可少的一般心理素质,更应具备砂板乒乓球运动特殊的专项心理素质。人的心理因素的形式是受先天和后天两种因素影响的,但大多数心理素质,通过后天的培养,是完全可以改善和提高的。

二、心理因素的表现形式

砂板乒乓球运动中心理的表现形式主要有:运动员通过视觉和知觉,观察对方的动作,来球的飞行路线和落点;对场上瞬息万变的情况采取对策时所进行快速、准确的思维;为克服精神和身体上的巨大疲劳,所进行的意志努力;随着比赛战局的起伏,所表现出来的紧张、松懈、喜悦、沮丧等情绪变化。这些心理表现,对比赛胜负的影响和作用是不可低估的。

事实表明,一场比赛的胜负,主要取决于四个方面:即技术因素,战术因素,身体因素和心理因素。也就是说,运动员是在这四个方面展开竞赛,决出高低强弱的。但是,这四个方面的较量,往往不是各自孤立进行,而是在彼此相互作用和影响下进行的。所谓运动员的"实力",就是指这四个方面的综合表现而言的。在砂板比赛中,双方运动员的每一项心理素质,尤其是专项心理素质,均要进行较量。每项心理素质较量的结果,都可能导致比赛的胜负。

第二节　心理变化的因素

运动员在比赛中,产生心理变化的原因是多方面的。但概括起来,可分为两方面:一是来自外界的影响;二是来自运动员本身的内在因素。

一、外界影响

1. 比赛的规模和任务

比赛的规模和任务。一般来说,比赛规模越大,参赛者的心理压力也越大,其在比赛中的紧张程度和情绪变化也越明显。

2. 比赛的准备程度

比赛的准备程度。赛前准备越充分,运动员的情绪变化就小;若赛前的准备不足,就容易引起运动员的情绪波动,包括技术、战术、对手情况、比赛环境、器材设备等等。

3. 对手的水平

对手的水平。通常自己与对手的水平越接近,比赛越激烈,战局起伏越大,紧张程度越大,越容易引起情绪的变化。

4. 观众的态度

观众的态度。一般情况下,观众越多,倾向性越明显(特别是倾向对方),就越容易引起情绪的变化。

5. 教练员临场指导

教练员临场指导。教练员的临场指导水平高,善于运用心理学的知识进行心理指导,并和有效的技、战术指导结合起来,就能帮助运动员控制,稳定情绪以及激发他们良好的竞技状态。

总之,以上所述外界因素,仅仅是一般规律。也有的运动员则恰恰相反。比赛的规模,压力越大,双方实力越接近,观众越多,就越有良好情绪,越能激发起振奋的、旺盛的竞争心理状态。这是由于个人性格差异的不同,但更重要的还是来自于长期训练适应的结果。因此,在平时加强相关训练才是控制和激发运动员良好情绪的最有效手段。

二、内在因素

1. 对待比赛的认识程度

对待比赛的认识程度。运动员一般在比赛任务明确,动机正确的情况下,情绪变化起伏较小,有了变化也可以运用第二信号系统的作用,以及义务感、荣誉感、责任感等特殊情感来约束自己,控制调整自己某些不良情绪。如果比赛任务不明确,动机不正确,比赛中情绪波动就可能大一些。

2. 个性特征的差异

个性特征的差异。由于每个人的个性特点不同,在比赛中情绪状态的表现也各有不同。之所以不同,与人的气质类型有很大关系。不同神经类型的人,情绪变化的特点有所不同。"兴奋型"神经类型的人,易兴奋,好激动;而"抑制型"的人,抑制过程占优势。再者,每个人的抑制品质,也各有强、弱,因此,情绪变化的程度与强度,也都有一定的区别。

3. 技、战术的运用

技、战术的运用。运动员一般当技术发挥比较好,战术运用比较恰当的情况下,情绪就比较好。反之,则情绪低落。例如某一项技、战术的运用特别顺利或者感到特别别扭,情绪立刻就会表现出来,甚至在一场比赛中,会出现几次反复。

4. 体力和身体状况

体力和身体状况。一般在体力充沛、身体状况良好的情况下,情绪饱满,精力旺盛,信心十足,充满战斗力。当体力欠佳、身体状况稍差时,就会出现不利于比赛的负面情绪。

5. 训练不足

训练不足。由于在某项技术、战术和身体、心理方面训练不足,而影响情绪上的变化,在实际比赛中,更是屡见不鲜。

第三节 调节情绪的有效途径

以上分析说明,情绪对运动员比赛的胜负具有重要作用。因此,针对影响情绪的各种因素,采取有效的措施加以调整,是极为必要的。

一、加强思想教育,提高认识觉悟

加强思想教育,提高思想觉悟,使运动员明确参加比赛的目的和任务,端正比赛动机,教育运动员把参加比赛荣誉等紧密联系起来,并意识到自己责任的重大。只有在认识提高的基础上,才能表现为自觉的行动。因此,在参加重大比赛之前,都要开好动员会、分析会及个别谈心,进行深入细致的思想工作。只有提高了运动员的认识,才能激发他们良好的比赛情绪,才有可能表现出惊人的毅力,顽强的斗志,克服各种困难,实现最终的目的。

二、运用自我暗示,加强自我约束

情绪和其他心理过程都是客观刺激物影响大脑皮质活动的结果,是皮质与皮下协同活动的结果,但是大脑皮质是起主导作用的,皮质对皮下的调节作用表现在第二信号系统对情绪的调节作用上。人不仅通过第二信号系统意识到自己的情绪状态,而且还可以通过第二信号系统的刺激支配自己的情绪,即可引起或阻止情绪的发生。因此,一个有觉悟的运动员,能在复杂多变的情况下,充分运用自我暗示来约束、控制、稳定自己的情绪。

三、运用兴奋转移,调节比赛情绪

在赛前和赛中,常看到有些运动员由于过分激动和紧张,出现一些不利于比赛的生理、心理特征。如呼吸、心跳加快,感觉、知觉不灵敏,注意力减退,出现多余动作,行为难以控制等。尤其是"兴奋型"和"活泼型"的运动员,常容易出现兴奋型过高。可采用兴奋中心转移的方法,在赛前不让其想与比赛有关的事情,可运用"默念数数"或忆想自己最高兴的某一件事,充分运用表象与想象来吸引运动员的注意力,或看文艺小说、图片、画报、听自己喜爱的音乐,讲有趣味的故事等方法,来转移其兴奋中心,以消除过度紧张和过分的激动情绪,使大脑皮层有关部分得到暂时的休息,以便在比赛时更好的工作,还可以运用强度小、速率平稳、持续时间不长的准备活动来控制和稳定情绪。

四、运用默念、意练,调整比赛情绪

当运动员出现厌战状态,表现为精神疲倦,反应迟钝,缺乏信心时,可运用一些提高兴奋性的措施来调节。其中运用默念、意练是一种有效的方法,让运动员在比赛前,针对对方的特点及自己所要使用的技、战术,像过"电影"一样反复在意识中进行训练,甚至还可运用想象性的比赛。通过运用这种方法的训练,多数运动员在意练和想象性比赛中出现手上出汗,持拍手臂肌肉微抖,这充分说明,通过这种方法可使运动员集中思想,提高兴奋过程。此法对于"安静型""抑制型"神经类型的运动员比较有效。对这两种神经类型的运动员,还可运用强度稍大,速率稍快,持续时间稍长的准备活动来提高兴奋过程。但当兴奋程度过高,抑制减弱,神经过程失去平衡,出现盲目好动时,同样可以运用"默念""意练",用以集中注意力,降低与皮层无关的兴奋过程。

五、加强心理指导,注重心理调节

教练员的临场指导,不仅是对技、战术进行指导,同时应进行心理上的指导,对运动员某一技、战术失误不应过多指责和训斥,

第四章 砂板运动员的心理训练

应帮其分析原因,找出问题症结。在势均力敌的比赛中,对运动员加强心理上的指导更为重要。

综上所述,自我暗示、表象能力、想象能力、意练能力等,是运动员进行心理训练的基本功。运动员只要平时注意培养和训练,不仅在心理训练课上,而且要随时随地进行有意识的训练,这方面的能力就会逐步提高。

第五章 砂板乒乓球的教学方法与训练步骤

第一节 砂板乒乓球的教学方法

一、发球

1. 教学方法

初学发球时,应由浅入深。先从学习发平击球开始,待对发球的规律和准确性有所提高后,再学习发急球、短球和左(右)侧上(下)旋球,然后再学习用近似同一种动作发出性能不同的球。

2. 练习步骤

(1)徒手做发球前的准备姿势,模仿抛球及击球时的动作。

(2)在台前用多球进行发球练习。

(3)先练习发斜线球,后练习发直线球;先练习发定点球,然后发不定点的球。

4、练习发各种旋转性能的球。

二、接发球

接发球应与发球结合起来进行教学。练习什么样的发球,同时也就学习了什么样的接发球。

三、攻球

1. 徒手练习

（1）根据正反手攻球的技术要求，先徒手模仿练习，体会挥臂腰部转动和重心交换等动作要领。

（2）在原地徒手练习的基础上，结合步法做徒手练习。如结合单步练习左推右攻；结合跨跟步练习侧身攻；结合交叉步练习侧身后扑正手等。如图 5-1 所示。

图 5-1　徒手练习图解

2. 单个动作练习

一人发球一人练习攻球，打一板后再重新发球。如图 5-2 所示。

3. 攻、推挡练习

（1）一人挡球一人练习正（反）手攻球。要求先轻攻，再用中等力量攻，待有提高后，再练发力攻和快攻。

图 5-2　一人发球一人攻球教学步骤图解

图 5-3　一攻一推挡教学步骤图解

（2）一人推挡一人练习正（反）手攻球。练习形式有攻斜线、攻中路、攻直线、在二分之一球台范围内攻球或在三分之二球台范围内攻球。要求推挡球的落点在规定范围内有所变化，攻球者要在移动中练习。如图 5-4 所示。

图 5-4　一人推挡一人练习正（反）手攻球教学步骤图解

（3）两点攻一点。要求对方把球推到攻球者两点（左、中或中、右或左、右），而攻球者在左右移动中将球击到对方一点。练习者可先有规律，角度变化小再逐渐增加难度。如图 5-5（1）所示。

（4）一点攻两点。攻球者从一点将球攻至对方两点。练习时，先有规律攻两点，再过渡到无规律地攻两点。如图 5-5（2）所示。

（1）　　　　　　　　　　（2）

图 5-5　两点攻一点和一点攻两点教学步骤图解

4.对攻练习

(1)正手对攻斜线。

(2)正手对攻中路。

(3)把以上两条对攻线路连贯起来,两人在左右连续移动中对攻。

(4)两直两斜的对攻。一人在左右移动中专打直线,另一人在左右移动中专攻斜线。如图5-6所示。

图5-6 正手对攻教学步骤图解

5.推和攻结合的练习

(1)两人斜线对推,推中侧身抢攻。从固定一方侧身抢攻到双方都可侧身抢攻。

(2)两点对一点的左推右攻练习。

(3)两点对一点的正反手两面攻练习。

(4)推中侧身攻后扑正手空当,或反手攻接侧身攻后再扑正手空当。

(5)推中结合反手攻。如图5-7所示。

图5-7 推和攻教学步骤图解

6.改变攻球节奏的练习

在以上对攻和推攻的固定球路练习中,还要注意把近台攻和远台攻结合起来；把发力攻和借力攻结合起来；把攻球和拉球结合起来。

7. 搓球练习

（1）对搓斜线。

（2）一方一点搓两点。

（3）两点对两点对搓。

图 5-8　搓球教学步骤图解（1）

图 5-9　搓球教学步骤图解（2）

8. 攻削球练习

（1）稳拉练习。先做定点定线的练习，再在走动中拉不同落点。

（2）拉中突击。拉中路杀两角，或拉左杀右、拉右杀左、拉两角杀中路。拉时要有轻重、旋转的变化，从而为扣杀创造机会。

（3）拉中突击结合放短球。

四、推挡球

（1）做徒手的挡球和推挡球的模仿动作，体会动作要求。

（2）用正反手对墙做挡球练习。

（3）两人在台上练习挡球，定点定线，要求能击球过网并动作正确。

（4）两人在台上做反手推挡球练习，逐渐加快速度，体会快推动作。

（5）一点推两点或一点推不同落点。

（6）推攻结合练习。

五、弧圈球

（1）徒手做模仿拉弧圈球的动作。

（2）一人发中路出台的下旋球，另一人练习拉弧圈球。主要是体会击球手法、拍形和击球部位。要求动作准确，多摩擦少撞击。

（3）一人推挡，另一人连续拉弧圈球。

（4）两人对搓，另一人搓中抢拉弧圈球。

（5）一人削球，另一人连续拉弧圈球。

（6）练习中要求推挡、搓球或削球一方要不断变化旋转和落点，以提高在移动中连续拉弧圈的能力。

（7）以拉弧圈球为主的选手，在初学时可交替练习不同弧线的弧圈球。在掌握拉弧圈球技术以后，要着重练习力量较大具有杀伤力的弧圈球。

六、削球

（1）做削球动作的模仿练习。

（2）在接发球时，用正手或反手将球削过网。

（3）用正手或反手连续削回对方拉过来的球。

（4）用正手或反手削直线或斜线球。

（5）正、反手结合向固定落点削球。

（6）近削逼角练习。一人拉球，另一人用反手将球削到对方左角或右角。

（7）削旋转变化球。一人稳拉对方正手或反手，另一人练习正手或反手用相似动作削出旋转变化的球。

（8）一人拉中扣杀结合放短球，另一人练习在削中上步接短球。

（9）在以上练习中,削中伺机反攻。

（10）削、推结合练习。在削中突然上前推击对方空当。

七、步法训练方法

运动员的打法特点不同,碰到的对手不同,因而步法的使用也应有所侧重。实践中应围绕步法的特征,逐步提高步法的训练质量。

（1）从技术角度练步法,2/3台移动中击球、徒手步法训练、多球训练步法。在规定时间内,进行一定的大运动量训练,也是很有效的方法。

（2）从专项素质角度练步法,在短距离或规定时间内进行冲、跳、滑、转、蹲等练习,以增强脚下起动速度及腿部肌肉快速收缩的爆发力。

（3）不同训练层次考虑,低层次训练,应抓好基础训练,如重心交换、1/2台或1/3台移动训练,不宜大面积奔跑训练,以免影响技术动作的规范性以及影响手法与步法的协调配合。较高层次的训练,应根据打法类型,扩大跑动范围,如全台或2/3台单面攻步法,这也是比赛中运用最频繁的步法。

综上所述,步法的好坏,是乒乓球运动员能否达到高水平的重要环节之一。步法练习要有针对性、科学性和实效性,达到与自己的打法风格相配套。

第二节　快攻型打法的训练

一、单项技术为主的训练期

首先要突出抓正手攻球技术（包括侧身攻）,这是快攻打法的主要基本技术和得分手段。这个时期主要是培养初学者建立正确的基本技术动力定型,建立正确的技术动作概念和善于思考、体会及掌握多种击球动作的能力,讲求动作效果。

1. 正手攻(拉)球的训练方法

(1)小区域定点、定线

正手斜线对攻(拉)。

侧身斜线对攻(拉)。

正手右方直线对侧身直线对攻,或侧身直线对正手右方直线对攻(对削球则正手右方直线拉攻和侧身直线拉攻)。

(2)一点对两点

正手一点攻(拉)对方两角。

侧身一点攻(拉)对方两角。

(3)两点对一点

正手两点攻(拉)对方反手一点。

正手两点攻(拉)对方正手一点。

(4)不同点对一点

正手不同点攻对方反手一点。

正手不同点攻对方正手一点。

2. 推挡(快拨、反手攻)和搓球(拉、搓)的训练方法

(1)小区域定点、定线

对推(反手攻或快拨)斜线(对搓斜线)。

正手攻斜线(搓中一方侧身正手攻斜线)。

推中(反手近台攻或快拨)一方侧身攻。

推(反手近台攻或快拨)中相互侧身攻(搓中相互侧身攻)。

对削球,侧身斜线拉、搓结合;侧身直线拉、搓结合。

(2)一点对两点

推(反手攻或快拨)左变右。

拉左搓右;搓左变右。

(3)两点对一点

左推(反手近台攻或快拨)右攻对方反手一点(正、反手搓对

方一点)或左搓右拉对方反手一点。

左推(反手近台攻或快拨)右攻对方正手一点(左搓右拉对方正手一点)。

注意事项：

第一，用正手攻对付弧圈球，可参照上述有关训练方法进行。

第二，抓以正手攻球为主练习的同时，还应适当安排反手推挡(反手攻球或快拨)和搓球(拉、搓)的训练，使之与正手攻球相结合，以便在下一个训练期能够适应正手攻球发展的需要。

第三，对每一个技术动作，都应提出数量的要求，规定一定指标而逐步提高。

第四，这一时期的训练，虽然以定点、定线有规律的练习为主，但还应适当安排一些综合练习的内容(包括无规律的练习和记分比赛等)，以提高移动和反应能力。

二、结合基本技术训练为主期

经过以正手攻(拉)球技术为主、推挡(快拨、反手攻)和搓球(拉、搓)技术为辅的训练后，已掌握的单项基本技术，必须和其他技术进行结合，成为结合基本技术。

1. 推挡(反手近台攻或快拨)结合正手攻球的训练方法

(1) 推挡(反手近台攻或快拨)斜线，一方侧身攻为主。

(2) 推挡(反手近台攻或快拨)斜线，双方侧身攻斜线为主。

(3) 推挡(反手近台攻或快拨)中，一方变直线后结合正手打回头。

(4) 双方推挡(反手近台攻或快拨)变直线结合正手打回头。

(5) 一方推挡(反手近台攻或快拨)侧身攻为主，配合左推右攻(或两面攻)。

(6) 左推右攻(两面攻或左拨右攻)为主，配合侧身攻。

(7) 推挡(反手近台攻或快拨)侧身攻后连续攻为主，配合变线正手攻。

2. 搓球结合正手攻的训练方法

（1）对搓斜线一方侧身攻。

（2）对搓斜线双方抢先侧身攻。

（3）对搓斜线当中,搓中一方变线,另一方正手攻。

（4）不同点搓单方进行突击。

（5）搓中双方突击。

3. 拉球结合突击,拉、搓结合突击的训练方法

（1）正手右方拉、扣对方两角。

（2）正手两点拉、扣(拉、搓、扣)对方两角。

（3）正手两点拉、扣(拉、搓、扣)对方反手一点或正手一点。

（4）拉左吊右或拉右吊左。

（5）拉、攻(拉、搓、扣)对方全台。

注意事项：

第一,在进行上述难度较大的练习时,先以有规律、小区域的练习为主(要求有一定数量),在逐步发展到无规律、大区域。这样有利于更快地掌握技术,提高训练的质量。

第二,每次练习,应同时按排推挡结合正手攻和搓球结合正手攻的练习。对削球则应安排拉攻和拉搓结合的练习,以提高练习者的适应能力。

第三,安排发球和接发球的专项练习。

第四,难度较大的主要技术,重复训练的次数应多一些,以便尽快掌握。

第五,对弧圈球打法可参照上述训练方法进行。

第三节　弧圈型打法的训练

弧圈型打法包括以快攻为主结合弧圈和弧圈为主结合快攻两种打法。两种打法由于对速度和旋转的要求不同,故采用哪种

技术为主,哪种技术为辅,在要求上也有所不同。快攻结合弧圈打法,攻球和推挡(快拨)是主要技术,拉弧圈等则是辅助技术;弧圈结合快攻打法,拉弧圈和快攻是主要技术,其他如推挡(快拨)等则是辅助技术。初学者学习和掌握弧圈打法的主要任务,就是对这种打法的主要技术建立正确的动力定型,相应地掌握其他辅助技术,以促进对主要技术的提高和发展。

一、单项基本技术训练为主期

首先应抓好体现速度的技术练习,使快攻中的主要技术动作得以建立和巩固。因此,要突出抓好正手攻和侧身攻。对削球时,可进行拉弧圈球的练习,并注意同扣球相结合。

1. 正手攻

正手攻球时,前臂应下沉一些,与上臂的角度稍大,拍面比快攻型打法稍前倾。动作稍大,上臂带动前臂,以自身发力为主。

2. 推挡

推挡时,除一般的加、减力推挡外,可进行推下旋球的练习,使对方难以借力。

二、结合基本技术训练为主期

经过以正手攻球技术为主,推挡、快拨、反手攻和搓球技术为辅的训练后,已掌握的大多是单项基本技术动作,而后必须把基本技术结合起来,反复训练使之更加巩固与提高。

注意事项:

第一,由正手近台攻球逐步发展到拉弧圈球时,应注意动作的协调和正确性,刚开始不要求拉球质量,特别是在拍触球瞬间摩擦球的部位,要同近台攻球区别开来。

第二,初学者在练习拉弧圈时,往往上臂用力过多,动作较大,不重视前臂的发力;挥拍时向上用力过多,不注重向前的发力。

第三,应多进行走动中的训练,使手、步法密切配合。弧圈球要求自身发力更多,移动不快,位置选择不好,往往难以发力,影响击球质量。

第四,根据每个人的打法类型,进一步精练自己的主要技术,从而形成自己的特长风格。

第四节 削攻型打法的训练

由于砂板制造旋转能力差、削攻型打法在砂板乒乓球当中尚不普及,但随着砂板技术的不断发展,这一打法也定会逐渐发扬光大。

整个打法由削球、攻球、推挡、搓球、拉球(包括弧圈球)、发球等多种单项技术所组成。其中削球和攻球是体现这种打法技术风格的主要技术,其他技术则起辅助作用。训练中应分清主次,不可偏废。

削球和攻球,本身是矛盾的两个方面。从击球时间、部位、挥拍方向到弧线,差别都很大。普通胶皮拍的训练一般是削球练好了再练攻球,这样会出现削得好、进攻差,攻守脱节,在砂板项目中不实用,以致在比赛中被动挨打的局面。砂板的训练方法应当是,在练削球的同时,增大攻球技术的练习,从一开始就培养他们积极主动、敢于进攻的意识,使攻削技术衔接紧密,练就符合当今发展趋势的技术要求。

一、单项基本技术训练为主期

先从最简单的搓球开始,逐步过渡到正、反手削球为主,同时进行一些正、反手的攻球练习,练习时间上应少于削球。

1. 搓、削、攻的训练方法

（1）小区域定点、定线

对搓斜线,正、反手削斜线,正、反手削直线。

攻球与快攻型打法相同。

（2）一点对两点

正手或反手一点搓对方两角。

正手或反手一点削对方两角。

（3）两点对一点

正、反手搓对方反手或正手一点。

正、反手削对方反手或正手一点。

（4）一点对不同点

正、反手不同点搓对方正手或反手一点。

正、反手不同点削对方正手或反手一点。

2. 搓、削、攻的训练方法

（1）小区域定点、定线

搓中一方侧身正手攻。

正手或反手削中反攻。

搓中双方侧身攻。

推挡(反手攻、快拨)结合正手攻。

（2）一点对两点

正、反手一点搓球结合突击对方两点。

正、反手一点搓、削并结合反攻对方两点。

（3）两点对一点

正、反手搓并结合突击对方反手或正手一点。

正、反手削并结合反攻对方反手或正手一点。

注意事项：

第一,进行定点、定线有规律的练习时,要提出数量的要求,并根据训练情况逐步提高指标。

第二,在进行一些有规律或结合技术练习时,随着技术的进步,应在回球角度、速度和力量方面,加大训练难度,以提高训练质量。

二、结合基本技术训练为主期

经过以上攻、削、搓的初步训练后,削球打法已具备了一定的攻、削技术。但所掌握的仍以单项基本技术为多,本阶段练习必须同其他基本技术结合。既一方面需进行正手攻同推挡(反手攻、快拨)结合;另一方面要进行削球技术动作之间的结合。在此基础上,再根据个人掌握削球和攻球技术的情况,确定以削为主结合反攻,或是攻削结合打法。最后根据不同打法,调整削、攻的训练比例。

1. 削、搓、挡、攻相结合的训练方法

(1)正手右方斜线削(搓)、攻的练习。
(2)反手斜线削(搓)、挡(突击)的练习。
(3)正手右方削(搓)、攻对方两角。
(4)反手削(搓)、挡对方两角。

2. 削、搓、攻、挡相结合的训练方法

(1)正、反手削、搓并攻、挡对方反手一点。
(2)正、反手削、搓并攻、挡对方正手一点。
(3)前后走位削、搓、挡、攻。
(4)接突击球(包括削中和搓中接突击球)。

注意事项:

第一,以上削、搓训练均以"稳""低"为主,应强调动作的正确性及其间结合的要求。难度较大的技术,要多进行小范围有规律的练习。根据掌握情况,逐步加大难度,提高训练质量。

第二,根据训练进展情况,可按不同打法的要求,适当增减攻和削的训练比例,逐步形成各自不同打法的技术风格。

第三,根据两种不同打法,有侧重的选用上述内容、方法进行训练。

第五节　砂板乒乓球基本战术

何谓砂板乒乓球运动的战术,就是比赛中扬己之长,克彼之短,为赢取比赛的最后胜利,而有针对性的使用技术,心理和身体素质等综合因素。

战术是以技术为基础的,只有具备了比较全面的技术,才能在比赛中灵活的运用各种战术。而战术水平的提高又可以促进技术的向前发展。技术与战术之间的关系是相互依存,相互促进的。战术虽然依赖于技术,但它却高于技术,技术是为实现战术计划服务的。乒乓球各种打法类型很多,但无论哪一种打法,在制定具体战术时,都应树立一个正确的战术指导思想。

一、战术制定应遵循的原则

1. 知己知彼

制定一套正确、合理、有效的战术,首先要做到"知己知彼"。因此,在制定战术之前,就必须对对手进行全面、细致的了解,对手是直拍还是横拍,是左手握拍还是右手握拍,技术上有哪些优缺点,擅长使用哪些战术,意志品质和身体状态等等情况。要切实抓住对方最基本和带有规律性的东西,然后根据自己的打法特点来制定详细的战术。

2. 灵活机动

制定战术时,一定要以我为主,以自己之长攻对方之短。比赛中还要根据场上发生的变化,灵活多变的调整战术。例如,快攻运动员就是利用发球抢攻、推挡和拉攻等技术来攻对方的弱点;弧圈型选手利用发球,抢冲弧圈球等技术,来占据主动;削球选手则利用稳健的削、搓、攻来调动和攻击对方的弱点。所有的目的都是为了加强自己击球的威力,迫使对手击球失误或抑制对手击球的威胁。但是战无常法,有时自己的特长恰好对上对方的特长,此时在不占优势的情况下,可改用特短对特短,用辅助技、战术来打。总之,要根据临场变化,及时、灵活地选用技战术。

3. 勇猛顽强

战术的制定和运用,必须坚持勇猛顽强、敢打敢拼的精神。只有在比赛中坚决果断地执行即定战术,才能收到预期的效果。因此,在平时训练中,就要对运动员进行自觉、刻苦和面对复杂局面从容镇定的训练和教育,以此来培养运动员坚强的意志品质和勇往直前的战斗作风。

二、砂板主要战术及运用

1. 快攻型打法的战术运用

（1）左推右攻打法对左推右攻打法

① 侧身正手发左侧上、下旋球到对方反手位,角度要大,长短结合,使对方不敢轻易侧身,适当偷袭对方正手直线,迫使对方只能低质量回接,然后侧身强攻。

② 发转与不转到对方正手近网处或反手位,使对方起板质量差,自己侧身抢攻。

③ 用正手发两大角奔球（特别是对身材矮小和步法移动较慢者）,迫使对方回接半高球,然后强攻。

④ 打对攻时,要先发制人,打在前面。对方推挡不好,可先用推挡压其反手位,等对方变线时,再正手进攻。如对方用侧身攻球来弥补反手弱点时,则要变其正手空当牵制对方,自己侧身抢攻。

⑤ 如对方推挡很凶,可推其中路偏右位置或用推切的方法,使对方不易发力或改打搓攻,再伺机突击。

（2）左推右攻打法对横拍弧圈结合快攻打法

① 侧身正手发左侧上、下旋高抛球到对方反手位,以短球为主,角度要大,使对方轻拨回接,然后侧身抢攻。

② 反手发右侧上、下旋球到对方正手位,结合中路急球,然后抢攻。

③ 主动打快攻,先用推挡压住对方反手,变中路或减力挡,然后再推两大角调动对方,伺机侧身抢攻。

④ 对方用正手连续抢拉时,可用正手调直线,用推挡压住对方反手,或用推切的办法加大角度,使对方侧身拉球不易发力,用推其空当,然后用正手打弧圈球。

（3）两面攻打法对直拍快攻结合弧圈球打法

① 反手发右侧上、下旋球到对方正手近网处,结合反手位急球,两面抢攻。

② 侧身发正手左侧上、下旋球到对方反手位,角度要大,长短结合,使对方用搓回接,然后侧身抢攻。

③ 主动打快攻,先用反手连续攻球,紧逼对方反手,然后突然变线,伺机侧身抢攻。

④ 对方发下旋球抢拉时,要用正手拉球和反手快拨,变下旋为上旋或快拨一两板控制对方,然后两面起板,不给对方抢拉机会。

⑤ 对方用正手连续抢拉时,要靠近球台用反手推挡或快带来控制对方,然后伺机侧身,用正手打弧圈球。

（4）左推右攻打法对削中反攻打法

① 侧身发正手左侧上、下旋球到对方反手位,角度要大,长短结合,使对方回接质量差,然后侧身抢攻。

② 正手发两大角急球结合短球,伺机抢攻。

③ 稳拉对方削球旋转变化较弱或反攻力量较差的一侧。

④ 稳拉中路,然后扣两角;或稳拉两角,然后扣中路。

⑤ 如对方远削较好,连续进攻被对方顶回,则可放短球或改打搓攻,调动对方前后奔跑,再伺机进行突击。

2.弧圈球打法的战术运用

（1）横拍快攻结合弧圈打法对左推右攻打法

① 反手发转与不转球到对方正手近网处或反手位底线，然后抢拉、抢攻。

② 正手发转与不转球，然后抢拉、抢冲。

③ 对方运用发球抢攻时，接发球要力争主动。正手位要尽可能拉接，反手要拨一板或搓加转底线长球，然后抢拉、抢冲。

④ 打对攻时，要先用反手快拨或攻球紧压对方推挡，伺机变线调动对方，然后侧身抢攻、抢拉或抢冲。

（2）直拍快攻结合弧圈打法对横拍弧圈结合快攻打法

① 侧身发正手左侧上、下旋球到对方反手位，以短球为主，结合长球，迫使对方用搓球回接，然后抢拉、抢冲。

② 侧身发正手高抛球，以反手位为主，结合中路，然后抢攻、抢冲。

③ 发转与不转球，然后抢拉、抢冲。

④ 接对方发球时，要主动拉接，或快搓短球，然后抢拉，伺机进行扣杀。

⑤ 对方连续抢拉时，要靠近球台用反手推挡、正手用攻球控制对方，然后抢拉中路，伺机进行抢冲或扣杀。

（3）直拍弧圈结合快攻打法对削中反攻打法

① 侧身发正手左侧上、下旋球到对方反手位，长短结合，然后抢拉、抢冲。

② 正手发转与不转球，然后抢拉、抢冲。

③ 先稳拉对方削球旋转变化差或反攻能力较弱的一侧，突然发力拉弧圈球，迫使对方回接高球，然后扣杀；或稳拉一面，突然发力拉高质量弧圈球到中路或另一面，迫使对方回接高球，然后扣杀。

④ 用控制球引对方靠近球台，再突然发力抢拉、抢冲，迫使对方在前后奔跑中回接高球，然后扣杀。

⑤ 接发球时要力争拉接,不给对方抢攻机会,接短球时,可用长短结合控制对方,再伺机抢拉、抢冲。

3. 防守型打法的战术运用

(1) 削中反攻打法对快攻打法

① 正手发转与不转球,然后抢攻。

② 反手发转与不转球到对方正手近网处,或发反手位底线长球,然后抢攻。

③ 先逼削对方反手位,待对方侧身拉攻时,伺机送正手位,然后进行反攻。

(2) 削中反攻打法对弧圈打法

① 侧身发正手左侧上、下旋球到对方反手位,角度要大,长短结合,然后抢攻。

② 反手发转与不转球到对方正手近网或反手位底线,然后抢攻。

③ 在削中要配合近台挡球扰乱对方,使其不能稳拉,再伺机反攻。

④ 对方连续拉弧圈球时,要远离球台,在削好落点控制对方,伺机反攻。

(3) 攻、削结合打法对削中反攻打法

① 侧身发正手左侧上、下旋球到对方反手位,长短结合,然后抢攻。

② 正手发转与不转球,然后抢攻。

③ 反手发转与不转球,然后抢攻。

④ 拉、控结合,前后调动对方,伺机扣杀。

⑤ 比赛中,要变化球的落点,伺机抢攻。

参考文献

[1] 牛学雷译.体能训练概论(第1版)[M].上海:上海三联书店,2011.

[2] 张瑛秋编著.乒乓球直拍技术图解(第1版)[M].北京:北京体育大学出版社,2014.

[3] 花勇民,葛艳芳译.乒乓球从入门到实践(第1版)[M].北京:体育大学出版社,2008.

[4] 张英波.动作学习与控制[M].北京:北京体育大学出版社,2003.

[5] 吴焕群.中国乒乓球训练原理研究[J].北京体育大学学报,2004,27（2）:145-154.

[6] 钟罗杰,施俊华,黎辉,杜冰.乒乓球辅助训练专用拍及其实用性初探[J].中国体育科技,2010,4:64-67.

[7] 唐建军,赵喜迎.乒乓球进攻类型打法比赛战术制胜模式构成及其研究[J].北京体育大学学报,2013,3:123-127.

[8] 王斌,刘万伦,骆莉莉.乒乓球运动员接发球动机冲突的框架效应和绩效[J].北京体育大学学报,2011,6:117-121.

[9] 高兵,史桂兰.乒乓球优秀直板打法运动员技战术分析[J].体育文化导刊,2009,10:58-61.

[10] 陈家鸣,闫杰,李玉新.乒乓球技战术实话中的路径依赖性分析[J].沈阳体育学院学报,2009,1:113-117.

[11] 赵刚.论反手反面技术的优越性[J].南京体育学院学报,2007,6:127-129.

[12] 陈黎.乒乓球反手台内侧拧技术的实效性分析[J].西安

体育学院学报,2006,6:70-72.

[13] 詹晓希.世界优秀男子直拍反胶打法运动员步法组合系的比较研究——论马林侧身步法技术的优势与不足[J].中国体育科技,2006,5:49-61.

[14] 罗久良,高月宏,曾景范,李浩,张雪峰.从第47届世乒赛看削球打法的趋势[J].西安体育学院学报,2003,5:65-67.

[15] 刘欣华,刘旭华.对乒乓球战术训练和战术运用的探讨[J].武汉体育学院学报,2001,2:47-48.

[16] 毛晓荣.高校乒乓球课综合评价模式探索[J].成都体育学院学报,2006,1:117-119.

[17] 须晓东,刘守古,周映春.高校高水平乒乓队在两个相邻比赛间的小周期训练安排[J].南京体育学院学报,2005,3:92-95.

[18] 陈烽.乒乓球课持拍徒手练习教法初探[J].北京体育大学学报,2002,3:273-275.

[19] 常铂.我国优秀乒乓球运动员多种专项身体素质组合训练方法研究[J].西安体育学院学报,2015,32(5):375-379.

[20] 何建龙,牛永刚,赵焕彬.振动训练对乒乓球运动员肩肘腕肌力影响研究[J].河北体育学院学报,2014,28(3):88-90.

[21] 郝磊.中国男子乒乓球运动员备战伦敦奥运会身体功能力量训练方法的研究[D].首都体育学院,2013.

[22] 郭广越.传统力量训练与功能性力量训练的比较研究[D].河南大学,2013.

[23] 文烨.优秀乒乓球运动员肘关节等动屈伸运动时拮抗肌共激活现象研究[J].中国体育科技,2012,48(4):71-77.

[24] 李广海.乒乓球早期专项化训练若干问题研究[J].天津体育学院学报,2010,25(1):91-92.

[25] 张丽彦,蔡晓红.乒乓球运动员优势臂关节旋转特征的研究[J].山东体育学院学报,2009,25(12):69-72.

[26] 陈静.高水平乒乓球运动员心理素质的质性研究[J].天

津体育学院学报,2008,4:281-284.

[27]张瑛秋,甄九祥,王福文.中国优秀少年乒乓球运动员身体素质训练水平综合评价[J].北京体育大学学报,2006,12:1706-1708.

[28]Ruster C, Wolf G.The role of the rennin-angiotensin-aldo-sterone system in obesity-related renal diseases[J].Semin Nephrol,2013,33（1）:44-53.

[29]Andrade R,Araujo R C,Tucci H T,et al.Coactivation of the shoulder and arm muscles during closed kinetic chain exercises on and unstable surface[J].Singapore Med J,2011,52（1）:35-38.

[30]Bird S P,Barrington-Higgs B,Hendarsin F.Relationship between functional movement screening and physical fitness characteristics in Indonesian youth combat sport athletes[R]. Australia: the 4th Exercise and Sports Science Australia Conference,2010.

[31]Anderson K,Behm D G.The impact of instability resistance training on balance and stability[J].Sports Med,2005,35（1）:43-53.

[32]Kim M Samson,Michelle A Sandrey A.Core stabilization training program for tennis athletes[J].Athletes Therapy Today,2007（5）:41-46.

[33]Chen Ch,Hsien Ch W,Chang C M The Relationship among Sport Competition anxiety Trait Mental Toughness and Athletic Psychological Skills in Pre-elite Table Tennis Players in Taiwan[J].Sport Science Research, 2005,26（3）:63-66.

[34]Wu T,Chiu Ch W.Trait Analysis of Top Ranking Table Tennis Players [J].Sport Science Research,2005,26（3）:95-99.

[35]Bazzucchi I,Felici F,Macaluso A,et al.Differences between young and older women in maximal force,force fluctuations,and surface EMG during isometric knee extension and

elbow flexion[J].Muscle Nerve,2004, 30: 626-635.

[36]Behm DG,Bambury A,Cahill F, Power K. Effect of acute static stretching on force, balance, reaction time, and movement time[J].Medicine and Science in Sports and Exercise.August 2004, 36 (8): 1397-1402.

[37]Bradley P, Olsen P, Portas M.The effect of static, Ballistic, and Proprioceptive neuromuscular facilitation stretching on vertical jump performance[J].Journal of Strength and Conditioning Research,2007, 21 (1): 223-226.

[38]Faigenbaum AD, Mcfarland JE, Kelly N, Ratamess NA, Kang J, Hoffman JR.Influence of recovery time on warm-up effects in adolescent athletes[J].Pediatric Exercise Science,2010, 22 (2): 266-277.

[39]Herman SL,Smith D. Four-week dynamic stretching warm-up intervention elicits longer-term performance benefits[J]. Journal of Strength and Conditioning Research,2008, 22 (4): 1286-1297.

[40]McMillian DJ,Moore JH,Hatler BS,Taylor DC.Dynamic vsstatic-stretching warm up: The effect on power and agility performance[J].Journal of Strength and Conditioning Research. August2006, 20 (3): 492-499.

[41]Small K,Naughton L, Matthews M. A systematic review into the efficacy of static stretching as part of a warm-up for the prevention of exercise-related injury[J]. Research in Sports Medicine,2008, 16 (3): 213-231.

[42]Cormie P, McBride JM, McCaulley GO. Validation of power measurement techniques in dynamic lower body resistance exercises[J]. Journal of Applied Biomechanics,2007, 23: 103-118.

[43]Peterson MD, Rhea MR, Alvar BA. Maximizing strength

development in athletes: A meta-analysis to determine the dose-response relationship[J]. Journal of Strength and Conditioning Research, 2004, 18: 337-382.

[44]Siegel JA, Gilders RM, Staron RS, Hagerman FC.Human muscle power output during upper-and lower-body exercises[J]. Journal of Strength and Conditioning Research, 2002, 16: 173-178.

[45]Kraemer WJ, Hakkinen K, Triplett-Mcbride NT, et al.Physiological changes with periodized resistance training in women tennis players[J].Medicine and Science in Sports and Exercise, 2003, 1（35）: 157-168, 309.

[46]Miller MG, Herniman JJ, Iicard MD, Cheatham CC, Michael TJ. The effects of a 6-week plyometric training program on agilith[J].Journal of Sports science and Medicine, 2006, 5: 459-465.

[47]Cowley PM, Swensen T, Sforzo GA. Efficacy of instability resistance training[J].International journal of Sports Medicine, 2007, 28: 829-835.

[48]Kohler JM, Flanagan SP, Whiting WC. Muscle activation patterns while lifting stable and unstable loads on stable and unstable surfaces[J]. Journal of Strength and Conditioning Research, 2010, 24: 313-321.

[49]Uribe BP, Coburn JW, Brown LE, Judelson DA, Khamoui AV, Nguyen D. Muscle activation when performing the chest press and shoulder press on a stable bench vs.a Swiss ball[J].Journal of Strength and Conditioning Research, 2010, 24: 1028-1033.